纵有千种风情，更与何人说

柳永词传

刘文华■著

航空工业出版社
北京

内 容 提 要

本书追溯千年，摘取才子词人柳永的三十八首代表词章，执笔泼墨，串成他几多坎坷、几多忧愁的一生。打开此书，让我们重回那个繁华的盛世里，与他一起欢喜，一起忧愁，一起采撷一朵最初的美好。

图书在版编目（CIP）数据

纵有千种风情，更与何人说：柳永词传 / 刘文华著．-- 北京：航空工业出版社，2022.1（2025.6 重印）
ISBN 978-7-5165-2859-4

Ⅰ．①纵… Ⅱ．①刘… Ⅲ．①柳永（约 987–1053）—传记 Ⅳ．① K825.6

中国版本图书馆 CIP 数据核字（2021）第 278670 号

纵有千种风情，更与何人说 柳永词传
Zongyou Qianzhong Fengqing,
Gengyu Heren Shuo Liuyong Cizhuan

航空工业出版社出版发行
（北京市朝阳区京顺路 5 号曙光大厦 C 座 4 层　100028）
发行部电话：010-85672688　010-85672689　读者服务热线：010-85672635
艺堂印刷（天津）有限公司印刷　全国各地新华书店经售
2022 年 1 月第 1 版　2025 年 6 月第 2 次印刷
开本：880×1230　1/32　字数：150 千字
印张：7　定价：59.00 元

前言

推开北宋深掩的重门，才发现有些故事，早已落满灰尘，逐渐被这纷繁的尘世遗忘；有些人物，虽逝去多年，但他的故事，仍在历史的长河中奔流不息。

他自命不凡，才情绝世，是北宋时期不折不扣的词坛巨匠。他纵身四海，浪迹江湖，是这世间为数不多的独行者。他放荡不羁，敢爱敢恨，是名属烟花柳巷的多情词客。他屡试不第，仕途坎坷，堪做一名风流落魄的白衣卿相。

柳三变是他，柳耆卿是他，柳七郎是他，柳永亦是他。他，便是这历史长河里，一颗耀眼夺目的星辰，在历经风起云涌之后，愈加璀璨。

他是一个忧愁的婉约派词人，轻狂又高傲，不羁却洒脱。酒社词坛的失意岁月里，他且饮且吟，浅斟低唱，自称是才子词人，白衣卿相。秦楼楚馆的烟花风尘中，他风流多情，一路拾锦，用温柔的毫素诉说着一个个风尘女子的血泪身世。

他是一个失意的落魄举子，一生渴望入仕，却在科举考试的路上屡试屡败，直到半百之年，方才及第。一句“忍把浮名，换了浅斟低唱”直接令天子将他从黄金榜上除名，并留一句：“且去浅斟低唱，何须浮名。”此后，他便戏称自己为“奉旨填词柳三变”。

他踏遍万水千山，是一个放逐灵魂的流浪者。碧野晴川间，他游览大好河山，遍历大千尘世，留下一首首凄苦漂泊的羁旅大作。荆棘丛生的行役路途中，有“三秋桂子，十里荷花。羌管弄晴，菱歌泛夜，嬉嬉钓叟莲娃”，有“三吴风景，姑苏台榭，牢落暮霭初收”，有“千里烟波，暮霭沉沉楚天阔”。

山遥水远，他的人生征途虽然辛苦，却依然精彩绝伦。他写繁华盛世的纸醉金迷，在夜雨江湖里追寻心灵的自由，于秦楼楚馆中邂逅一场场绚烂缤纷的花事。此一生，他走过万水千山，尝遍人情冷暖，而后化情为笔，挥毫泼墨，写就一首首传世千古的词章。

彼时“凡有井水处，皆能歌柳词”，他在仕途上没有得到的，都在词曲里得到了补偿。

为文者闻名后世，柳永逝去虽过千年，但他仍时常被我们平静地怀想。他笔下那一阙阙浸满墨香的词章，仍旧深深浅浅地氤氲在人们心间，温暖千年。犹记，那本传世千载的《乐章集》里，有万种风情，有千古风流。

本书追溯千年，摘取才子词人柳永的三十八首代表词章，执笔泼墨，串成他几多坎坷，几多忧愁的一生。打开此书，让我们重回那个繁华的盛世里，与他一起欢喜，一起忧愁，采撷一朵最初的美好。

目录

第一章 少年多才志气高

岁月绵长，人间静好。千年前的北宋，户盈罗绮，一片繁荣。那年春天，烟柳新嫩，恰逢一年一度的花朝节，济州任城的雷泽令府，一名眉清目秀的男婴零落凡尘。多年后，他成长为一名才华横溢的风流才子，不偏不倚，惊艳尘世。

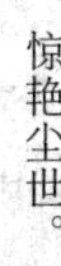

攀萝蹑石初作诗

攀萝蹑石落崔嵬，千万峰中梵室开。
僧向半空为世界，眼看平地起风雷。
猿偷晓果升松去，竹逗清流入槛来。
旬月经游殊不厌，欲归回首更迟回。

——《题建宁中峰寺》

历史的足迹或深或浅，载着无数柔软多情，灿烂如霞的故事行走于世，一边尘封，一边重生。在风云浩荡的历史时空里，一个盛极一时的朝代，也不过是一颗璀璨的流星，划过历史的天空，稍纵即逝。

推开北宋深掩的重门，才发觉，有些故事，早已落满灰尘，逐渐被这纷繁的尘世遗忘；有些人物，虽逝去多年，他的故事，却仍在历史的长河中奔流不息。而柳永，便是这长河里，一颗耀眼夺目的星辰，在历经风起云涌之后，变得更加璀璨。

宋太宗雍熙四年（公元987年），阴历二月十二，这一天恰逢百花的生日，花事正好。整个任城（今山东省济宁市）被万紫千红的春天装饰着，男人们踏青赏花，饮酒赋诗，姑娘们剪纸赏红，祭拜花神。

是日，任城雷泽县县令柳宜视察农事归来，风尘仆仆，行至府前，只见一妇人领着一名丫鬟碎步前来，躬身作揖报道："恭喜老爷，夫人刚刚分娩，喜得麒麟，母子平安。"丫鬟补充道："今日适逢花朝节，百花庆生，公子生来就宫花满头，是为公卿之吉兆。"

柳宜听后，喜不自胜，快步至房中，小心翼翼地抱起刚出生的儿子。他看到怀里的娇儿，眉目清秀，不哭不闹，脸上乐开了花。这是柳宜的第三个儿子，五十岁的他尤为珍爱。

柳宜为世家子弟，出身书香门第，其远祖即为官宦人家，因宦游全家迁徙至建州（今福建省建瓯县）定居。柳宜在南唐时官至监察御史，入宋后才被降职到山东任城担任雷泽令，家眷跟随他"从宦千里"。

其父柳崇十岁而孤，在知书达理的母亲的抚养下长大。五代时为躲避战乱，柳崇携全家隐居于福建崇安县。柳崇的前妻丁氏生柳宜、柳宣，继室虞室生柳寘、柳宏、柳寀和柳察四子，柳崇六子均中进士，可谓是一个庞大的官宦世家。因此，前来祝贺柳宜添丁的亲朋好友络绎不绝。只因柳宜平日里勤于政事，无暇顾及庆贺诸事，便都交给发妻打理了。

阳春三月，春光渐盛，儿子满月在即，时称"洗儿会"，是婴孩出生后的首个重大典礼。柳宜胞弟天平军节度推官柳宣来冀州办公事，适逢侄儿典礼，也赶来任城祝贺。待至浴儿毕，剃胎发，遍谢宾客，“洗儿会”典礼才算顺利完成。

一番庆祝后，宾客散去，柳家两兄弟闲谈之际提及取名，柳宜说：“本来应该让父亲为此子取名，无奈父亲已仙逝多时，故又速写书信，快马寄回崇安故里，请母亲定夺，谁知三弟柳寘代母亲回信说，母亲不善识文断字，还是交由你我定夺。”

柳宣听此，即说：“一切凭兄长定夺。”柳宜复说：“顺其两个哥哥三复、三接之名，不如名为三变，你来为其取表字吧！”柳宣深谙兄长之意，立即想到《论语·子张》中有云：“君子有三变：望之俨然，即之也温，听其言也厉。”

凝神思索一会儿后，柳宣开口：“表字景庄，可否？《诗经》有云‘有美一人，硕大且俨’，《毛传》又云‘俨，矜庄貌’，是为景庄之意。”柳宜自是连连称好，欣然同意。

自此，柳三变，在这繁花似锦的尘世间，有了自己的第一个名字，而这个名字也伴随他的人生饱经风霜，被时人铭记于心。

不知不觉，柳三变已满周岁。这个幼小的生命，与生俱来就打上了名宦世家的烙印，流淌着柳氏望族的书香血液。

这一天，在任城柳府这光鲜的府邸，柳家正忙前忙后，为这个刚满周岁的小公子操办一场盛大的周年置会，称作“周晬”，寓意长久。

这个自古至今的民间习俗，仿佛到哪个朝代都不过时。家人早早就把一切准备妥当，果木、饮食、官诰、笔砚、乐器、书卷、算秤、经卷、针线、胭脂等物品一一罗列于庭盘内，只待一旁满心好奇，蹒跚学步的三变去选择。

在琳琅满目的物件中，三变一手抓起胭脂，一手抓起蕲笛，随后抓起笔砚、书卷在手里把玩，无视其他物件。一边是柔软多情，一边是学海无涯，围观抓周盛会的亲朋们开始交头接耳。

有一宾客看到三变一手抓起胭脂，生怕引起柳宜不悦，便打圆场说："此儿将来妻命甚好，必然取得才貌双全之娇妻。"众人自然附和。柳宜当然不相信这些，但身旁的夫人却喜忧参半，看到三变手抓胭脂，又担忧其痴作情种，断送追求；又看到他抓住蕲笛，书卷等物，便估测他将来善于制礼作乐，有所作为。

一场似是而非的抓周游戏，隐约暗示着三变一生的命数。但仅凭一场游戏便判定一个人的一生的确是武断的。每个行走在生命旅途的人，都如同放飞于天空中的风筝，命运之线时紧时松，决定着这一方天空的风景和故事。如此想来，生在名宦世家的三变，偏爱墨香和美人亦不是什么过错。

任城的生活衣食无忧。在父母和大家庭的关爱下，三变已从咿呀学语的婴儿变成能将四书五经倒背如流的小神童。五岁的三变，聪明早慧，天真烂漫，深得柳宜疼爱。只是这一年，柳宜被太宗任命为著作佐郎，差遣为全州通判，因不得携带家眷，故安排妻子和三变兄弟一行人返回福建崇安故里。

或是身处名宦世家，受书香之气影响，幼年的三变似乎比同龄人启蒙早很多。回乡后，他更是勤勉专注，致力于举业的学习。受父辈熏陶，小小的三变深信儒家"学而优则仕"的理念，认为"学则庶人之子为公卿，不学则公卿之子为庶人"。可见，这个聪慧好学的稚子，眼界是多么辽阔！

在崇安故里的不远处，一座巍峨雄伟的中峰山久负盛名。山中的中峰寺更是香火鼎盛，三变幼年时常常来此地游玩。

这一天，风和日丽，六岁的三变沿着陡峭崎岖的石径，攀萝附葛爬过高岗，又涉水过溪穿过林莽，一路上，猿偷晓果，竹逗清流，山中景色美不胜收，一草一木皆有情，一花一叶似精灵。看到这些美景，小三变自是喜形于色，兴奋至极，在这曼妙的山林中，一边行走，一边领略大自然的美丽和奇妙。

行至深处，别有洞天，三变来到群山相拥的中峰寺，幼小的三变立于寺前，瞻望伏虎坛胜迹，一时间，仿佛唐朝那位伏虎禅师，叱咤风雷降伏猛虎的英姿就在眼前，不禁感慨万千，遂口占一诗。

攀萝蹑石落崔嵬，千万峰中梵室开。
僧向半空为世界，眼看平地起风雷。
猿偷晓果升松去，竹逗清流入槛来。
旬月经游殊不厌，欲归回首更迟回。

当同龄人还在读《百家姓》《千字文》发蒙时，六岁的三变便能通晓诗文，写出这声韵严谨、对仗工整的诗句，这仿佛彰示着他和文字有着某种妙不可言的缘分。

这首六龄童的七律，一夜之间传遍了崇安故里，都说柳氏家族出了个了不得的神童。

坐上少年谱新词

帘内清歌帘外宴。虽爱新声，不见如花面。牙板数敲珠一串，梁尘暗落琉璃盏。

桐树花深孤凤怨。渐遏遥天，不放行云散。坐上少年听不惯。玉山未倒肠先断。

——《凤栖梧》

冬去春来，年节过后的汴京城，依然充斥着节日里的欢乐气氛。行走在北宋的这座都城里，与在那婉约的江南古道上漫步有很大不同。汴京城里，街旁尽是林立的店铺，茶楼酒馆，青楼瓦舍，应有尽有。最值得一提的还是那弥漫着香粉气息的夜市，繁华如是，就更不必说了。

这片繁华盛世的美景正如孟元老在《东京梦华录》里所描述的那样："举目则青楼画阁，绣户珠帘。雕车竞驻于天街，宝马争驰于御路。金翠耀目，罗绮飘香。新声巧笑于柳陌花衢，按管弦于茶坊酒肆。八荒争凑，万国咸通。"宋太宗时期，可谓是盛极一时的太平年代。

这一年，三变十二岁，纯真欢乐，涉世未深，在父母和两位哥哥的疼爱之下慢慢成长，像一朵含苞待放的花朵，朝气蓬勃，向阳而生。彼时，三变已经出落成一个清新俊逸、眉清目秀的翩翩少年。距离开崇安故里，全家一起跟随升为京官的父亲返回汴京那年，已六载有余。

返回汴京后的小三变，在博览群书的父亲柳宜和其挚友，当朝翰林学士王禹偁的言传身教下，比在崇安故里时更加勤奋，和三复、三接两位哥哥一起致力于举业的学习，学业日益精进。小三变不仅崇尚“学而优则仕”的理念，在学业之余，还热衷于音律词曲的学习，早早便通晓了七声八十四调，兴致来时，随口捻来便是一曲新词。

在汴京，时任左赞善大夫的柳宜不仅勤于政务，随着儿子们逐渐长大，还经常带三变兄弟们去参加当达官贵人、文人名流的宴会。问学投卷，诗文酬唱，让三变在这八方争凑，万国咸通的汴京城里，找到了自己的兴趣与欢乐。

这一日，阳光明媚，到处都弥漫着春天的气息，整个汴京城内外，才子佳人们踏青饮酒乐逍遥。而三变弟兄几个也正跟随着父亲赶赴一场诗香四溢的盛宴。宴会上，高朋满座，觥筹交错，家姬献歌，不禁让人想起冯延巳的那首《长命女·春日宴》里的千古名句：“春日宴，绿酒一杯歌一遍。”

席间，隔着一层轻薄的帘幕，一边是家姬翩若惊鸿，矫若游龙的轻歌曼舞，一边是推杯换盏，其乐融融的欢快宴会。而对于这个打小就精通词曲乐章的三变来说，眼里却只有帘内那曼妙的身姿和悠扬婉转的歌声。陶醉之余，三变一边听曲，一边击节，情不自禁便吟出一首新词。

帘内清歌帘外宴。虽爱新声，不见如花面。牙板数敲珠一串，梁尘暗落琉璃盏。

桐树花深孤凤怨。渐遏遥天，不放行云散。坐上少年听不惯。玉山未倒肠先断。

深情款款，甜而不腻，世上最美的事情莫过于情窦初开时心里的那种萌动了。十二三岁，青涩纯真，心潮澎湃，爱情就像一段不期而遇的梦，不知道那个让你心中的碧波荡漾，泛起阵阵涟漪的人在何时何地就会出现。

“蹴罢秋千，起来慵整纤纤手。露浓花瘦，薄汗轻衣透。见有人来，袜刬金钗溜。和羞走，倚门回首，却把青梅嗅。”见有翩翩如风的少年过来，姑娘立即从秋千架上起身，和着害羞的脸庞，一边行走至门前，一边回首，怕被发现，却还装作在青嗅青梅。少女的一举一动都表露出心中的爱慕和情意，她在含蓄地试探，也在等一场梨花似雪的爱情。可以说，易安的这两句词，是描述初涉情事时懵懵懂懂，若即若离的状态的上佳之作了。

这是春暖花开的季节，也是爱情花苞绽放的年纪。三变曾无数次幻想过，自己的爱情会是什么模样。或许，在某个温暖的午后，那个姑娘就站在庭院里的桃树下，清风徐来，吹落一树桃花，也吹动三变柔软的心；抑或，夕阳西下之时，他和她的姑娘，在汴京城外的高岗上，相依而坐，看那一轮红日缓缓而落，将半边脸染得通红，那一刻的时光，就是地久天长。

他希望有一个这样的良人陪伴在身旁，当他捧一卷诗书时，她为她烹茗煮茶；当他在填赋新词时，她在一旁为他研磨；当他在学习骑射时，她在一旁等待，温柔地为他擦去额头上的汗。她的娇柔可爱，能够满足这个多情少年对人间情爱的美好向往。

而此刻，席上这凄入肝脾，哀感顽艳的歌声满足了三变心中所有的幻想。

风过花枝，就染上了香，而帘内家姬的一曲新声，也唱进了席上一位少年的心里。只是隔着一层帘幕，不能看见这空灵婉转的声音背后的容貌，但是少年知道，她一定有着如花般的倾世容颜。这是三变的幻想，也是这一层帘幕，带给众人恍如置身仙境的一种朦胧之美。

牙板数次敲响，帘内女子的声音恍若一串珍珠般清脆圆润，美妙动听。一时间，只听那歌声急转，嘹亮开阔，就连梁上的微尘都受到震动，暗暗飘落于坐上众人的琉璃酒杯之中。

不知是三变知晓了这女子的暗藏的心事，还是女子的歌声激发了三变内心深处的柔情，但这已经不重要了，因为此刻的他们，在这动人柔软的歌声里，已然成为了知音。

《诗经·大雅·卷阿》里有云："凤凰鸣矣，于彼高冈。梧桐生矣，于彼朝阳。"传说凤凰的叫声优美动听，非寻常声音可比拟，却给人一种悲伤的感觉。梧桐是凤凰栖身的地方，桐花开的时候，凤凰便飞来，待到花落的时候，便又离去。

“桐树花深孤凤怨。”帘外的三变仿佛听懂了歌女的暗藏心底的故事——只有在年轻貌美的时候，才能以歌声娱人，等到年老色衰，容颜不再的时候，她的生命就如同人生这片汪洋中的一叶扁舟。风餐露宿，居无定所，永远不知道，她将会漂泊流落到哪个地方。

歌女想到年华老去时，将要过着那种亡命天涯的生活，忽而一个转音，歌声扶摇而上，仿佛是在为自己的人生愤愤不平。这歌声像极了栖身于梧桐树上的凤凰发出的鸣叫声，响彻云霄，仿佛空气都凝滞了，以至于行云也被她珠圆玉润的歌声吸引，久久不能飘散。

“坐上少年听不惯，玉山未倒肠先断。”虽然北宋都城的汴京繁华热闹，但歌舞升平的景象大多在青楼画阁，勾栏瓦舍里。三变出生在世代被书香萦绕的官宦世家，自然是极少听到这样令人动情的绝世歌曲。

一曲终了，琉璃盏中的酒水还是满溢的状态，但是座上的少年却早已迷醉，被帘内这如花女子的歌声深深震撼，一时心乱如麻，情窦初开，为之倾倒，为之心动，为之谱一曲传世的《凤栖梧》。

“昆山玉碎凤凰叫，芙蓉泣露香兰笑。”三变终究没见到帘内歌女的容颜，但是她的歌声却被他永远记在了心里，荡气回肠，久久不能忘怀。

曲终，人散。这场文人雅士的盛宴结束了，然而不久之后，上至王公贵胄的家宴，下至茶楼酒肆，青楼瓦舍，整个汴京城内都在传唱三变的这首《凤栖梧》。自此，三变在汴京的词坛初露头角。

燕尔新婚正妙年

满搦宫腰纤细，年纪方当笄岁。刚被风流沾惹，与合垂杨双髻。初学严妆，如描似削身材，怯雨羞云情意。举措多娇媚。

争奈心性，未会先怜佳婿。长是夜深，不肯便入鸳被。与解罗裳，盈盈背立银釭，却道你但先睡。

——《斗百花》

十五六岁，多么美好的年纪——有亲人关怀，有诗书相伴，还有一颗正澎湃着的丹心，常怀梦想与期待。

“人间花正红，青春正年少。”说的就是这段美好的时光。在这个年纪，随手一抓，便是大把明亮的时光；轻轻一嗅，便是古朴舒心的书香。此时的岁月是这般慷慨无私，仿佛只要一抬头，就能看到前方的路，是多么光亮。

南宋诗人洪迈曾说人生四喜莫过于：“久旱逢甘雨，他乡遇故知，洞房花烛夜，金榜挂名时。”十五六岁，恰是古时男女成年的时候。

彼时的少男，白齿青眉，风华正茂，如初升的太阳。彼时的少女，冰清玉洁，亭亭玉立，如出水的芙蓉。彼时，他们没有经历过太多的悲欢喜乐，正值人生中最纯粹的年纪。

处于封建社会之中的他们，向来是听从父母之命，媒妁之言。仿佛只要是八字相合，门当户对，就能成就一段良缘。

洞房花烛，可谓是古时少男少女们人生中的第一件大喜事。或羞涩，或缱绻，初涉情事的他们，心中自然是有诸多的期许。

几年前，在一场文人雅士的盛宴上，三变也曾遇到一个亡命天涯的歌女。虽未曾谋面，但那是第一个让他为之心动的女子。他沉醉于她那悠扬婉转的小石调中，仿佛能同她一起尝尽人生中的酸甜苦辣。只是那时，他还是一个十二三岁的少年，尚未能清晰地分辨心底的感觉，只觉得心中荡漾，有一处柔软之地正在松动。

而自古以来，不管是身处哪个朝代，婚姻大事讲究的是望衡对宇，门当户对。三变打小受着封建礼制的熏陶，这一点，他的心中无比清楚。自小他就知道，生在名宦世家，他的爱情与婚姻，从来是自己做不得主。

所以，三变对那位未露芳容的天涯歌女的情感，始终只能停留在那一曲《凤栖梧》之中。

《凤栖梧》之后，三变在汴京的词坛有了些小名气。前来柳府说亲事的络绎不绝，柳宜夫妇寻思着三变两位哥哥娶亲已有几年了，接下来是该为这个最疼爱的小儿子找一个知书达理，贤良淑德的妻子了。

彼时，三变约莫十六岁了，在柳宜夫妇和媒人的张罗下，为三变定了一位官宦家的女儿。后人只能从三变卷帙浩繁的诗词中发现，他温柔地称呼这位女子为瑶姬，却不知她在现实生活中姓甚名谁。他们的故事就像一团迷雾，在诗词中散发着阵阵幽香，又让世人无法触及。

想必瑶姬在待字闺中之时，就听过三变的名声。而生在名宦世家的她，定是个知书识礼、端庄贤淑的大家闺秀。久闻三变拥有旷世诗才，瑶姬心中早已对这位郎君充满了期待。

“瑞脑香消魂梦断，辟寒金小髻鬟松，醒时空对烛花红。”用易安的这首浣溪沙表达瑶姬待嫁的心情，最是恰当不过了。一觉醒来，瑶姬看见冠帔、花红等礼品，想到马上就要嫁给汴京城的少年才子柳三变，心中的喜悦早已胜过脸上的羞涩。

时值正月，两家人在行了催妆之礼后，下一步便是行嫁娶之礼。因着元宵节将近了，两家人就把大喜之日定在了元宵佳节，真是喜上加喜。

正月十五，那天的故事里，有着关于爱情的美丽情节。十五岁的瑶姬，穿着一袭红色的嫁衣，嫁给了汴京才子柳三变。

他们素未谋面，陌生又熟悉。其实彼此都明白，这场婚姻，不过是一场政治游戏。于他们而言，这场始于父母之命，媒妁之言的婚姻，只要两人行完拜堂之礼，则是圆满。

只是，他们才十五六岁，未历太多世事，对爱情和婚姻充满了向往。

三变知道眼前这个同他一起行礼的女子，将要成为与他携手一生的妻子。虽然此前未曾与她相处过，但是他听母亲说过，瑶姬家世显赫，美若天仙，倾慕他良久，是不可多得的良配。

瑶姬也知道“一入侯府深似海”，行礼之后，等待她的，将是侍奉公婆、相夫教子的生活。然而时光易逝，容颜会一天天的老去。她虽倾慕于眼前这个男子的才华，但不确定，能得丈夫几时的宠爱。想到这里，瑶姬心中顿时生出几分凉意。

封建的婚姻里，尤其在官宦人家，爱情从来与政治分不开。这是高于世俗的荣华，亦是不可抗拒的命运。而在这样的婚姻中，能够寻找到那个想与其共度一生的人，不知要耗尽几辈子的福分。

诚如这般恰如其分，三变和瑶姬便是这天造地设的一对。

三变带着微醺的醉意，推开房门，走到床前，拿起一旁的秤杆，慢慢掀开瑶姬的红盖头。一对四目相对，两人的眼眸里，竟是电石火光般的惊喜。

已经卸了严妆的瑶姬，在新婚之夜终于见到倾慕已久的三变，而此时这个人已经成为了自己的夫君。喜悦之余，却还有着几分羞赧，不禁垂下眼帘，望向别处。而在三变看来，这样的瑶姬，是更加的美丽温柔，明艳动人。

燕尔新婚，正当妙年。新婚之夜虽然短暂，但在之后的日子里，他们一同穿过画堂闺阁，一同读书写字诗词唱和，一起夜观皓月当空，一起听雨打芭蕉声声碎……此间幸福，早已超越了这段始于父母之命的政治联姻。

他们彼此都给了对方太多的惊喜。可以说，遇见瑶姬，三变才真正算是成为一个词人。他应当为她写过许多的词。只是三变早年的诗作，传世的实在太少了。以至于后人只能从仅有的词章中，捕捉到这段绝美的爱情故事生活剪影。

满搦宫腰纤细，年纪方当笄岁。刚被风流沾惹，与合垂杨双髻。初学严妆，如描似削身材，怯雨羞云情意。举措多娇媚。

争奈心性，未会先怜佳婿。长是夜深，不肯便入鸳被。与解罗裳，盈盈背立银釭，却道你但先睡。

有人说，含蓄的男人即使爱到蚀骨，也不肯将爱说出口。“曾经沧海难为水，除却巫山不是云。”元稹如是。“春已归来，看美人头上，袅袅春幡。”辛弃疾如是。“江柳微黄，万万千千缕。佳气郁葱来绣户，当年江上生奇女。”苏轼亦是如此。他们的深情，化成笔墨，委婉地流淌在那泛黄的宣纸之上。

然而出其右的词人，在这世上，怕真的是只有柳三变一个人了。他的词句，不如他们那般精雕细琢，雅致绮丽。他生于官宦世家，身染书香，却更像是一个长于市井之中的浪荡公子一般。只一首《斗百花》，便将妻子的千种娇媚，万般风情刻画得淋漓尽致。

“满搦宫腰纤细，年纪方当笄岁。”三变坐在诗香四溢的书桌前，看着立在窗前的瑶姬，婀娜的身影仿佛仙女下凡一般。遥遥望去，瑶姬的身材就像是用画笔勾勒，用刻刀雕出的一样。只那纤细的腰肢，仿佛一伸手，便能紧紧握住。

许是三变对瑶姬的爱太过深切，深切到只那点滴的欢愉，也要谱成新曲。生怕别人不知道，他有这样一个清丽可人的妻子。

他看着瑶姬，想起不久之前，才刚满十五岁的她，稚气未脱，便嫁给了他。他知道，此时的妻子，尚不解风流之事，怪只怪那风花雪月无端招惹了她。

“北方有佳人，遗世而独立。”已为人妻的瑶姬，将以前的双丫发髻，合并在一起，挽成云髻的模样。如同出水的芙蓉一般，一尘不染。作为一个成年女子，她开始学着画起了严肃的妆容，将自己打扮成大人模样。那增添了几分妩媚的脸庞，如同芍药般美丽动人。

“一往情深深几许，深山夕照深秋雨。”三变的眼里心里，尽是对瑶姬的满满爱意。

只是女人在自己倾慕的男人面前，多多少少会有几分羞涩。尤其是在瑶姬这个年龄，虽已嫁为人妇，却仍保持着少女那纯粹的心性。

“与解罗裳，盈盈背立银釭，却道你但先睡。”每当夜深人静的时候，瑶姬因为羞涩，迟迟不肯睡下。三变知道她还未适应同床共枕、合盖鸳被的生活，便主动帮她脱去华服。那一刻，在银灯的映照下，瑶姬的脸早已羞得通红。为了不让三变看到自己脸上的表情，瑶姬怯怯地背过身去，只道："夫君莫急，妾身暂无睡意，你且先睡吧。"

"闺房秘事，不宜实说，而有本色描写，迹近诲淫者。"许是三变将他与瑶姬的故事描写得太过细腻和真实，才引得后人做如此评价。他们认为，闺房之趣不应如此直白地入词，朦胧即是美感，含蓄即是大雅。许是三变看不惯那些文人骚客的正统，偏要掀开那一层朦胧的薄纱，将他和瑶姬的幸福生活展现在世人面前。

瑶姬像一个仙子般走进了三变的生活。她的美貌与才情，她的温柔与体贴，她的纯洁与善良，满足了三变关于春花秋月的所有幻想。他们的相恋，对彼此来说，都是封建婚姻中莫大的幸运。

仿佛一切都在渐入佳境。而他们的爱情，在无涯的时光里，绚如朝霞。

才子佳人成双对

香靥融春雪，翠鬓亸秋烟。楚腰纤细正笄年。凤帏夜短，偏爱日高眠。起来贪颠耍，只恁残却黛眉，不整花钿。

有时携手闲坐，偎倚绿窗前。温柔情态尽人怜。画堂春过，悄悄落花天。最是娇痴处，尤殢檀郎，未教拆了秋千。

——《促拍满路花》

自古以来，才子与佳人的风流韵事，就像一个磁场，引来一代又一代人们钦羡的目光，让其为之感动，为之赞叹。

司马相如见卓文君清艳脱俗、楚楚动人，便用一曲《凤求凰》吸引文君的注意。“凤兮凤兮归故乡，游遨四海求其凰，有一艳女在此堂，室迩人遐毒我肠，何由交接为鸳鸯。”文君沉浸在这般热烈且动听的琴音中，为之震撼，瞬间怦然心动，而后便与司马相如约定私奔，成就一段传世千载的佳话。

《西厢记》中满腹经纶的张生与婉转风流的相国之女崔莺

莺一见倾心，虽然他们的爱情历经波折，但后来张生高中状元归来，迎娶莺莺，最终有情人终成眷属。而那首“待月西厢下，迎风户半开。拂墙花影动，疑是玉人来”也成了千古绝唱，温柔地惊艳了岁月。

佛说，前世五百次的回眸才换来今生的一次擦肩而过。殊不知，要在前世做什么样的约定，才换来今生的相逢和拥有。也难怪词人秦观曾感慨：“金风玉露一相逢，便胜却人间无数。”只因一场相逢，就用尽了不知道多少个前世和来生的缘分，更遑论相爱了。

世间最理想的爱情，当然是两颗心同在一处，一生相濡以沫。

婚后的三变和瑶姬，相亲相爱，琴瑟和鸣，每一天都沉浸在爱情的甜蜜之中。他们的爱情同那些才子佳人的一样。故事里有郎才女貌，有山盟海誓，有诗词唱和，还有一剪如莲的时光。在他们的眼中，彼此就是世间最美好的人，最美丽的景，最动听的歌。

“自古及今，佳人才子，少得当年双美。”三变觉得只要郎才女貌，两有心意，便可成就一段良缘，而不管是否门当户对。这是三变的爱情观，是对自己和瑶姬的爱情的赞美，也是对自由恋爱的向往。因为他知道，在封建制度下的婚姻中，不是每一对夫妻，都能有他和瑶姬这样的缘分。

或许正因为他们知道这段婚姻有多么难得，才愈加贪恋世俗的美好。白日里，他们泛舟湖上，一起看桃红柳绿，烟波画楼；夜间，闲来无事之时，他们依偎在一起，或观似海星辰，皓月当空，或静听细雨，掷地有声。他临案填词的时候，她便为他红袖添香。他煮茶烹茗之时，她便在一旁为他静静抚琴……

在平淡而充实的日子里，他们是这般爱慕着对方。瑶姬的爱，是崇拜，是仰望，是三变床前的明月光。三变的爱，是呵护，是宠溺，是瑶姬心中的朱砂痣。

清明节前后，下起了一场场绵绵的春雨，天气也日渐暖和起来。城外的高岗上、溪水旁皆是青春仕女踏春的足迹。

姑娘们有的头戴花柳，在河畔轻悠悠地散步，时时回眸，欲看还羞，期待着一个与之四目交汇的情郎出现。有的心向自然，在郊野之中寻一处清幽之地，搭起一个秋千架。随着秋千的来回，她们一边放飞心情，一边感受着春天的美妙。也有热爱自由的，她们在青翠的原野之上，制作着各式各样的风筝，或描或写，将那暗藏的心事与之一起放飞。若是断了线，便让它随风飘走。姑娘知道，终有一天，它会被某个过路的少年轻轻拾起……

“三月踏青下院来，春衫阔袖应时载。折花都隔山前雨，直到黄昏未得回。”此时的汴京城，正值一片春意盎然的光景，恰如此时的泱泱北宋，市列珠玑，车水马龙，繁华如是。

“年年岁岁花相似，岁岁年年人不同。”今年春天，三变不再是那个青青河畔边未尝情事的翩翩少年，引来无数姑娘爱慕的眼光。如今，他身边多了一位温柔如水的娇妻，他们如胶似漆，形影不离。他甚至觉得，她就是他眼里的春天。她的一笑一颦，在他眼中都灿烂如花，明媚如霞。

他带着瑶姬一起去城外踏青，来到之前常来的溪水河畔。他给她戴上花草编织的花环，陪她一起漫步在河边，看那枯枝再生，春山如笑。她为他在林间支起一架秋千，温柔地推着她轻荡在这无涯的春天里。从此，那架秋千常常萦绕在瑶姬的梦中，无比温馨。

一天的时光，犹如指缝中的流沙，止不住地滑落。但毫无疑问的是，这一天，对三变和瑶姬来说，虽然劳累，却是无比幸福和美妙。第二天醒来，三变看见瑶姬黛眉不整，睡眼惺忪，又回想起昨天的种种，一时间笔底生风，展纸挥毫，便写下这首流芳千古的《促拍满路花》。

香靥融春雪，翠鬓亸秋烟。楚腰纤细正笄年。凤帏夜短，偏爱日高眠。起来贪颠耍，只恁残却黛眉，不整花钿。

有时携手闲坐，偎倚绿窗前。温柔情态尽人怜。画堂春过，悄悄落花天。最是娇痴处，尤殢檀郎，未教拆了秋千。

垂手明如玉，皓腕凝霜雪。三变坐在床边，打量着还睡着的瑶姬，只看那香颜洁白似春雪一般，晶莹剔透，仿佛能掐出水来。一头乌黑亮丽的头发，雾鬓云鬟，如同秋烟一般，柔软飘逸。他俯下身，贴在瑶姬的耳畔，轻轻说道："以后，在每个清晨醒来之时，你都要在我的身旁。"

三变从未如此这般爱过一个人，许是天生的情种，才会在这场婚姻中越爱越深，越陷越深。以至于多年以后，他在想起瑶姬，想起这段幸福的时光时，心底还是会隐隐作痛，无法释怀。

不论瑶姬是否听到三变的耳语，在三变的呵护和宠爱之下，瑶姬的心里是幸福的。

清闲的时候，她常常和三变携手同坐，倚靠在窗前。她温柔地依偎在他的怀里，紧握他的手，一起看窗外的画堂里，花儿悄悄落下，绿叶日益丰盛。他们共同欣赏这一片绿肥红瘦的好光景，沐浴着一阵阵初夏时节的微风，温暖而和煦。此刻，连时光都觉得自惭形秽。

新婚之后，他们就经常这样相依而坐着，从春到秋，又从冬到夏。他们有看不完的美景，说不完的故事和唱不尽的新曲。这一扇窗和画堂里与众不同的四时景色，见证了这一对小夫妻缠绵缱绻、相濡以沫的爱情。

在这段婚姻中，瑶姬是可爱的，可爱到令人不自主地想要去心疼她。而三变是温和的，温和到可以容纳瑶姬提出的一切要求。许是骨子里带的一种柔情，在这个父母包办婚姻的封建时代下，他想要给她最理想的爱情和婚姻。凡是瑶姬想说的、想做的，他都会尽力满足。

然而瑶姬的要求其实并不多，因为懂得，所以体贴。她想要的不过是他时常的陪伴，窗外画堂里的那一方美景和梦中时常想起的，承载着欢乐与回忆的那一架秋千。

他沉迷于她的美貌与才情之中。因为瑶姬满足了他心里对爱情和婚姻的所有憧憬。她的怀里就是他的避风港、温柔乡。他知道，眼前这个刚成年的姑娘，他的妻子，这个将要与他携手一生的女人，不仅温柔贤淑，婀娜妩媚，更是精于词曲，多才多艺。

他的一颗心，早已被瑶姬的软玉温香填满，且日渐丰盈。

他们约定，在未来依然曼妙的日子里，要一起蹚过春夏秋冬，遍尝世间酸甜苦辣，荣辱与共，甘苦相随。三变温柔地在瑶姬的耳畔轻轻说道："我要把我们生活的点滴，都写成新词，谱成新曲，让世人知道，我的娘子是世间最好的姑娘。"

第二章 离家三载少年游

山河清远，古道悠悠。带着父亲的期望和内心的理想，少年终于还是踏上了漫漫游学之路。兰舟催发，无语凝噎，他终是告别了深爱多年的妻子。一路上，星月为伴，相思为寄，少年一边遍游山水填新词，一边以文会友增学识。弹指一瞬，待到他再返汴京之时，三载光阴悄然而逝。

多情自古伤离别

寒蝉凄切，对长亭晚，骤雨初歇。都门帐饮无绪，留恋处，兰舟催发。执手相看泪眼，竟无语凝噎。念去去，千里烟波，暮霭沉沉楚天阔。

多情自古伤离别，更那堪，冷落清秋节！今宵酒醒何处？杨柳岸，晓风残月。此去经年，应是良辰好景虚设。便纵有千种风情，更与何人说？

——《雨霖铃》

相逢不语，是懂得，人生辗转，是修行。离别，仿佛是一个亘古常新的话题。

在李商隐诗中，离别是“相见时难别亦难，东风无力百花残”的恋恋不舍。在李白诗中，离别是“孤帆远影碧空尽，唯见长江天际流”的迟迟吾行。在王维诗中，离别是“劝君更尽一杯酒，西出阳关无故人”的依依惜别。在高适诗中，离别是“莫愁前路无知己，天下谁人不识君”的真心劝慰。在王勃诗中，离别是“海内存知己，天涯若比邻”的豪迈豁达。

面对分别，人们有太多的离情别绪。或留恋，或流泪，或不舍，或劝慰……总有一种情感会触动你的心弦。

一年来，三变与瑶姬沉浸在浓情蜜意的两人世界里，清樽对月，一个抚琴，一个填词。他们的样子，像极了《牡丹亭》里那句“如花美眷，似水流年”般的模样。三变甚至想过，就这样和瑶姬安稳地度过一生，无忧无虑，不惊不扰。

然而这样的爱情太过理想了，不仅柳宜夫妇不允许三变就这样日渐消沉，荒废学业，其实在他自己的心里，也认为这个年纪的时光更应该交付给举业。

他虽然贪恋和瑶姬在一起的美好时光，但心里终究还是放不下那锦绣前程。因为他自小的梦想便是有朝一日登科后，站在天子的面前，将自己满腔的抱负和才华展示在众人面前。他想将自己的一腔热血付诸实践，造福一方百姓。他想封妻荫子，光宗耀祖，他想让瑶姬过上比现在好千倍万倍的生活。

他有这个自信，也一直期待着。正如唐代大诗人孟郊《登科后》里描述的那样，“春风得意马蹄疾，一日看尽长安花”。他在心里暗暗思索，待那天来临的时候，汴京的景色也应该会有所不同吧。

只是现在，他必须踏出这一步。而最好的方式莫过于游学。

游学是我国古代常见的一种求学和教学的方式。从春秋战国时期开始，游学就十分盛行。《史记·春申君列传》中就有记载：“游学博闻，事楚襄顷王。”春申君在游学路上求学问道，增长见识，最后结识了襄顷王，最终成为了他的左膀右臂。

“读万卷书，行万里路。”那些游学四方的才子们，在年少的时候便离开故土。他们在求学问道的路上边走边学，一边是风光旖旎、美不胜收的锦绣山河，一边是雄心勃勃、壮志凌云的理想抱负。不仅能够在这条修行的路上生情怡情，悟道传道，演绎精彩人生，也能为他们日后的从宦生涯埋下伏笔。

在与瑶姬成婚后的第三年，三变终于踏上了“以文会友”的游学之路。纵算是对父母亲人和瑶姬有万般不舍。但从长远来看，不论对小家还是大家，这都无疑是一个极其正确的选择。

“忽见陌头杨柳色，悔教夫婿觅封侯。”瑶姬虽然愁云蒙心，暗暗不舍，但她明白柳宜对三变深切的期望。她也知道自己的夫君并非池中之物。他有他的理想和责任，他的才华会有更大的作为，他应该去为国效力，而不是每日陪在她身边吟风赏月、抛散浮名，做个闲云野鹤的风流高士。

三变临行之前，瑶姬默默为他收拾行囊。夏衣冬装，盘缠书籍，日常用品一应俱全。唯恐三变在游学路上缺衣少食。

面对瑶姬，三变心里充满的了不舍和愧疚。但他知道，他的妻子是世界上最懂他的人。凡是他做的选择，她都会理解和尊重。对两个心照不宣的人来说，解释的话语，倒显得多余。

启程，远游。瑶姬随着柳宜夫妇一起坐车，为三变送行。车子穿过汴京城，又过了红桥板头，来到城外的东水门。一路上，两个人心里似乎都有说不完的话。但心潮难平，却又都说不出口，只默默地凝望着彼此，流下泪来。

临别之际，已入孟秋之月。正值傍晚时分，天空刚刚下过一场骤雨。树梢上寒蝉发出一阵阵凄凉而急促的鸣叫，萦绕在这对即将分别的小夫妻的耳畔，久久不能消散。那鸣声凄凄切切，拂之不去，仿佛也在对三变此次的远游之行表示不舍。

三变和瑶姬面对长亭，站在渡口边。只听得船头的铃声和着凄清的风声、树叶声，混合在一起沙沙作响，是那般尖锐和悲凉。三变又看了看眼前已哭成泪人的妻子，顿时想起了白乐天的那句“夜雨闻铃肠断声”。

此情此景，令从未经历过分别之苦的三变难以释怀，一时情不自禁，便吟出一首双调自制曲《雨霖铃》。自此之后，这首抒发离愁别绪的千古名作被后人代代传诵，奉为圭臬。

寒蝉凄切，对长亭晚，骤雨初歇。都门帐饮无绪，留恋处，兰舟催发。执手相看泪眼，竟无语凝噎。念去去，千里烟波，暮霭沉沉楚天阔。

多情自古伤离别，更那堪，冷落清秋节！今宵酒醒何处？杨柳岸，晓风残月。此去经年，应是良辰好景虚设。便纵有千种风情，更与何人说？

船上的饯别宴已经安排妥当了，词人却丝毫没有畅饮的情绪。正值与瑶姬依依惜别之际，船上的小厮却在无情地催着三变出发。

“执手相看泪眼，竟无语凝噎。”痛到极处，是无言。两人紧紧握着手，互相凝视着，眼里充满了泪花。彼此心中本有说不尽的言语，却在此刻，因为心痛和不舍，如鲠在喉，无语凝噎。此间这种难舍难分却又不得不分的深情，在此句中被表现得淋漓尽致。

三变一想到此去江南，千里迢迢，烟波浩渺，而那夜雾沉沉的楚地天空竟也是一望无际，这真的像极了自己的前程。想到这里，三变不禁觉得心绪烦乱，前路茫茫。

自古以来，多情的人最怕离别，更何况是在这萧瑟冷落的清秋时节。其间的离愁，绝非常人能够忍受。

“今宵酒醒何处？杨柳岸，晓风残月。”三变看着前方的路，山一程水一程，便又陷入了沉思。今夜定是个借酒消愁的不眠之夜吧，可是待到酒醒之时，我又漂泊到哪个地方呢？应是个凄清的杨柳岸边吧。在那里，阵阵清凉的晨风吹拂着柔弱的杨柳，一轮孤独的残月映照着形单影只的自己。

想到这里，三变不禁潸然泪下。他知道，今天这一去，便是与瑶姬长年相别。而一旦离别，任何的良辰美景都形同虚设，只能徒增怅惘与不堪。纵算有满腹的情意，那个懂他的人不在身边，又能和谁一诉衷肠呢？

瑶姬看懂了夫君内心的挣扎，便努力控制住自己，不再哭泣。像是预料到什么似的，又或是此前未曾与三变分别，她的心滴血般地疼痛，仿佛这次的离别就是一场永别。

她抬头看向三变，勉强一笑，温柔地说道："男子汉大丈夫要胸怀壮志，不应该留恋儿女情长。夫君此去心中不必牵挂，只管去远方游学，增广见闻吧。"

"年少峥嵘屈贾才，山川奇气曾钟此。君行吾为发浩歌，鲲鹏击浪从兹始。"三言两语，深情无限，瑶姬的话总是让在三变迷惘的时候豁然开朗。

带着父母的希冀和妻子的嘱托，少年终是踏上了远行的船只。他知，此去山高路远，长风万里。但江南的土地上会留下他的脚印，或深或浅，那都是他来过的痕迹。

"余恨无穷，余味无尽。"千百年来，这首《雨霖铃》流传至今，依然感动着每一个认真读它的人。

游人怅望苏台柳

晚天萧索，断蓬踪迹，乘兴兰棹东游。三吴风景，姑苏台榭，牢落暮霭初收。夫差旧国，香径没，徒有荒丘。繁华处，悄无睹，惟闻麋鹿呦呦。

想当年，空运筹决战，图王取霸无休。江山如画，云涛烟浪，翻输范蠡扁舟。验前经旧史，嗟漫载，当日风浪。斜阳暮草茫茫，尽成万古遗愁。

——《双声子》

姑苏，在历史上一直是一个诗意般的存在。千百年来，无数文人墨客在这座清丽婉约的小城里流连忘返，留下许多传世的佳作，给我们描绘出一个个令人迷醉的江南水乡之梦。

“君到姑苏见，人家尽枕河；古宫闲地少，水巷小桥多。”她曾是唐代诗人杜荀鹤诗中宋水依依，古韵悠悠的小桥流水人家。“行人怅望苏台柳，曾与吴王扫落花。”怀古伤今，她曾是姜夔笔下无可奈何的落寞与忧伤。“姑苏台上乌啼曙，剩霸业，今如许。”她还是国学大师王国维实现满腹理想和抱负的一方天空。

行走在青石板堆就的江南古道上，伴着吴侬软语，和着咿呀的姑苏小调。不经意间，就会被苏州城那神秘悠远的古韵感染。在漫步细行之时，你会发觉，那句“锦瑟华年谁与度？月桥花院，琐窗朱户，只有春知处。”里所描绘的美景和意境，已悄然显露。

苏州是一个多情的城，是很多人向往的梦里水乡。在这朦胧温婉的烟雨江南里，她有灵动的水，俊俏的山和那些说不完道不尽的前尘往事。

这个古意绵绵，柔软如带的城，便是三变离别汴京后，所要奔赴的第一站。

“薄衾小枕凉天气，乍觉别离滋味。展转数寒更，起了还重睡。”自从离开汴京后，三变水陆兼程，逢路买马，逢水雇船，向姑苏之地进发。历经几度辗转，他感受到了前所未有的疲惫。

天气越来越凉，而前路依旧浩浩茫茫，一眼望不到边际。不仅令三变的身体感到极不适应，还让那刻骨镂心的思念之情在一程又一程的山水里，愈演愈烈，越来越浓厚。

“多情到了多病。”他选择在这萧索的冷秋时节出发，无疑是在他那感性多情的心上又增添了几分忧愁。一路上，每每看见枝枯叶落，山寒水瘦的光景，他心中的所思所想，竟全是那令他魂牵梦萦的汴京城。

有人说，爱上一座城，是因为城里住着所爱的人。此刻，三变的心中对瑶姬，他的妻子，有万般思念和愧疚。他甚至有些怀疑，将她一个人留在那偌大的城里，会不会太过残忍。

“系我一生心，负你千行泪。”如今，他能做的也只有煮字疗伤，烹茶养心，每日与山水、词曲相伴。殊不知，他所爱的那个人被他永远留在的那座繁华的汴京城里。多年以后，容颜也没有多大的更改。

山遥水远，行路艰辛。三变几经辗转，终于来到了这座柔情荡漾的姑苏水乡。这里有他不曾见过的江南美景。这里，有书中描绘的烟柳人家，花桥水阁；有吴王夫差和越王勾践运筹决战的历史陈迹；有继那首《枫桥夜泊》后闻名于世的“姑苏城外寒山寺”。

小远山，黛眉展，几缕青烟玉屏展。在这个浪漫的姑苏城里，三变感到前所未有的新奇与舒心。相逢何必曾相识，仿佛这细雨芊芊，枕河漫漫的江南才与他那温文尔雅的性格相符合。

对三变来说，在姑苏，目之所及处，便是一阙优美的词、一杯袅袅飘香的清茶。

晚天萧索，断蓬踪迹，乘兴兰棹东游。三吴风景，姑苏台榭，牢落暮霭初收。夫差旧国，香径沦，徒有荒丘。繁华处，悄无睹，惟闻麋鹿呦呦。

想当年，空运筹决战，图王取霸无休。江山如画，云涛烟浪，翻输蠡扁舟。验前经旧史，嗟漫载，当日风浪。斜阳暮草茫茫，尽成万古遗愁。

千秋无绝色，悦目是佳人。如果说北方山水的美像一杯烈酒的话，那么毫无疑问，姑苏城的美就像一杯才沏好不久的茉莉花茶，清丽，淡雅，令人回味。

对于像三变这样的才子文人来说，在姑苏，游学的首选之地必得是姑苏台，才算是不枉此行。据《越绝书》记载："阖闾起姑苏台，三年聚材，五年乃成，高见三百里。"这个在吴王阖闾时期建立的姑苏台，高大宏伟，气势磅礴，是名动一时的军事要塞。姑苏台竣工之后，她的名声更是万里传播，被天下人尽知。

可谁能想到，这座气吞山河的伟大建筑，最后却成了吴王夫差和西施终日饮酒作乐的地方，也非怪吴国最终会被越国灭国了。实在令人唏嘘。

时至今日，已过千年。昔者已矣，但姑苏台的遗风余韵犹存。千年间，它成了无数文人骚客凭吊古迹、怀古伤今的历史重地。这无疑也给这座承载着亡国之殇的姑苏旧迹，增添了几笔或轻或重的凄凉伤感之迹。

三变自汴京出发，一路南行，抵达姑苏城时，已入深秋。傍晚时分，秋风萧索，凉意漫漫，不禁勾起了三变心中的伤感情绪。断肠人，在天涯。他将自己比作无根的蓬草，只能随着凄冷的寒风飘飘荡荡。风停则止，风起而飞，永远没有归处。

我心安处是故乡。三变深知，悲观、叹息只会让人停滞不前，而这远远背离了心中的理想和父母妻子的期望。他在想，既然如此，何不随遇而安、尽情欢笑呢？

“花开堪折直须折，莫待无花空折枝。”人生苦短，应当及时行乐。三变顿悟其间的道理，一时兴致大发，便踏上去姑苏台的船只，一路东行。

在这温柔缥缈的水乡里，三变看见那穿竹石栏、临河水阁、过街骑楼……目之所及之处，皆是一片繁花似锦的景象。这是姑苏小城里的曼妙与婉约。是千百年来，岁月在这座城里留下的斑斓痕迹。

他全身心地感受着这片土地带来的浪漫与诗意，享受着清凉的雨水，温柔地落在青石板上，缓缓流入湖心时带来的欢愉。

随着小船驶向深处，离繁华的闹市越来越远，离姑苏台越来越近。清冷荒凉的历史陈迹逐渐淹没了人声鼎沸的八街九陌。

三变一见到姑苏台，境界顿时开阔起来，仿佛瞬间回到了那个诸侯争霸的春秋战国时期。“夫差旧国，香径沦，徒有荒丘。繁华处，悄无睹，惟闻麋鹿呦呦。”吴王夫差时修建的条条香径，如今已经变成了一个个无人打理、长满杂草荒丘了。昔日奢靡放纵，歌舞升平的姑苏台，真的像伍子胥预言的那样，成了野鹿出没之所。

不管世事怎样变迁，时光依旧未曾老去。那些风流豪奢的旧事虽已随着朝代更迭而烟消云散。但伍子胥对姑苏台的预言，却一语成谶，时刻警醒着每个前来姑苏台凭吊古今的后世游人。

三变看到眼前的姑苏台，竟变得如此荒凉。不禁想起当年吴王夫差和越王勾践争夺这片土地时运筹决战的景象，是何等激烈。可是又有什么用呢，争夺多年，到头来也不过是竹篮打水一场空。可笑哉！唏嘘哉！

还是那急流勇退的范蠡看得通透呀。在越国胜利后，便驾着一叶扁舟逍遥于五湖之中，从此隐居出世，不问世事。三变倾羡于范蠡的理性明智，也希望自己有朝一日能够成为像他一样的能人志士，在闯荡出属于自己的一片天地后，功成身退，避世绝俗。

如人饮水，冷暖自知。这世间的恩恩怨怨总是在繁华错落间慢慢飘散。那些叱咤一时的风云人物和他们轰轰烈烈的事业，也早已消失在历史的长河之中。如今有迹可寻的，也只有那夕阳之下，茫茫无边的暮草以及许多文人笔下的“万古遗愁”了。

“人生几回伤往事，山形依旧枕寒流。”河山依旧是那个河山，姑苏台还是那座姑苏台。只是如今，沧海变桑田，红颜成腐土，人事已全非。

站在姑苏台榭之上，三变放眼远眺，只见“江山如画，云涛烟浪”。一幅幅如诗如画的水墨江南图眼入眼帘。他正沉浸其中，遐思无限。

杭州风光别样好

雨晴气爽，伫立江楼望处。澄明远水生光，重叠暮山耸翠。遥认断桥幽径，隐隐渔村，向晚孤烟起。

残阳里，脉脉朱阑静倚。黯然情绪，未饮先如醉。愁无际。暮云过了，秋光老尽，故人千里。尽日空凝睇。

——《诉衷情近》

有人说，见识多了，心胸就会豁达。我想，说出这句话的人，大抵是在看过无数地方的山水美景之后，被大自然的造物魅力打动了吧。眼界开阔了，心境也跟着开阔起来。

诚如是，只有多去感受林泉幽壑、苍松古柏、古庙亭阁、红叶空山般的意境，才能真正做到淡泊出世，真正地在这个纷繁的红尘俗世中，找到一处属于自己的清净之地。春天听雨赏花，夏天临溪濯足，秋天寻幽侯月，冬天烹茗煮雪，看那一年四季的时光悄悄然从身边静静流过……

山水清欢，是一种淡定，亦是一种从容。置身自然，纵情山水，始终是这个伤感多情的词人的心之所向。从汴京一路南行，三变看过太多的景色。山水之间，他是一个游人，又似一个归人。然而，说到底他还是一个词客。行程中，他一边感叹大自然的鬼斧神工，咏怀千百年来那片土地上的物是人非，一边用他那旷世的才华，或轻或重地记录着路途中迥然不同的心境和斑斓点点的岁月。

行过姑苏台，他留下了那首传世的《双声子》。“斜阳暮草悠悠，尽成万古遗愁。”三变还未从姑苏台的沧桑历史中抽出身来，便已踏上了去杭州的行船上。

“上有天堂，下有苏杭。”这个水墨江南里最富庶的城市，不仅是商贾贸易的繁华胜地，还是多数笔下生花的词人骚客心中“以文会友”的才墨之薮。所以，杭州，这个处处风景处处诗的佛国，是三变必定要去的地方。

很多人说，到了杭州，你便会不由自主地爱上她。经年之后，这座浪漫的古城留在心中的不仅仅是简单的赞美和依恋，她的魅力还会在唐诗宋词中得以张扬，在许多柔软多情的故事里层层渲染。

白乐天，这个名垂千古的唐代现实主义诗人，在任官杭州时，曾留下许多吟咏杭州山水美景的诗句。三变自小便读过不少他的诗歌。关于杭州，他惊叹于乐天笔下“自别钱塘山水后，不多饮酒懒吟诗”的深深眷恋，享受着“山寺月中寻桂子，郡亭枕上看潮头”的悠然自得，向往有一天也能去“绿杨阴里白沙堤”的大美西湖。看那清风徐来，湖水荡漾，与百年前站在西湖边的香山居士进行一场穿越时空的对话。

三变一路上穿山过水，风尘仆仆，抵达杭州时，正值秋末时节。一阵阵凛冽的寒风呼啸而过，吹满船上的篷帆，吹落片片泛黄的枯叶。这浓重的秋意，让这位多情的游子心中又生出一种难以言说的思乡情怀。

雨晴气爽，伫立江楼望处。澄明远水生光，重叠暮山耸翠。遥认断桥幽径，隐隐渔村，向晚孤烟起。

残阳里，脉脉朱阑静倚。黯然情绪，未饮先如醉。愁无际。暮云过了，秋光老尽，故人千里。尽日空凝睇。

年轻才子大多有一种贪欢享乐的心性，尤其在能将百炼钢化成绕指柔的江南水乡。只因在这里，绵绵烟雨会发酵成一坛坛香醇的西湖米酒，吴侬细语会迷醉游人的眼睛和心房。令人止步不前的，不只是眼前的大好风光，更是这风光背后的千般情思，万种忧愁。

杭州的深秋，在三变眼里是平远开阔、疏淡优美的。但他心里的钱塘江却一直停留在杨蟠的那首《钱塘江上》的诗句里。“一气连江色，寥寥万古清。客心兼浪涌，时事与潮生。”这般磅礴大气的诗句，一如眼前的钱塘江，水天一色，终古长清。

钱塘江，是三变抵达杭州后奔赴的第一个地方。

那天的杭州，天空清明澄澈，有阳光，有流水，还有阵阵微风拂面而来。眼前的美景让三变的心中生出一种舒适悠然的感受。正如他的逐渐平静的心情一样，他选择在这个雨后初晴的傍晚里来到久负盛名的钱塘江畔。

登楼远眺，仿佛是来钱塘江的游人们做得最多的一件事。或许是这样不仅能够开阔眼界，将那万里江色尽收眼底，还能触动内心深处的某种情怀，或怀古，或思乡。不然也不会有那么多流传百世千世的诗作和词章。

三变，这个骨子里就带着伤感情怀的词人。写出的词章，大多时候，给人的感受也是伤感的。或是秋天的缘故，或是傍晚的钱塘江有几分凄凉。那天，三变在钱塘江畔的望江楼上站了很久，遗世独立，凝望着眼前这片平静的江面，不肯放过江上的每一处景物。

“澄明远水生光，重叠暮山耸翠。”目之所及之处，是一座座深翠连绵的山，是清澈明净，波光闪动的水。这澄明的江水流淌在这苍苍莽莽的山涧里，逐渐远去。

他盯着那逶迤的江水，一点点远去，直到远方的汴京……

三变倚在江楼旁的栏杆旁极力远望，看那一山绿，一山青，一山浓，一山淡，重峦叠嶂，绵延无际。在那水际山峦之中，隐隐约约地看到有铺满黄叶的断桥和清幽的小径，山脚下还有一个小渔村。纵然是在黄昏时分，三变也能清晰地看到，小渔村里，有一缕炊烟正缓缓升起。

此情此景，让他想起了遥远的故乡和正在家中等候他的爱妻。一时间，他的心中生出一种无法描述的乡愁。

“黯然情绪，未饮先如醉。”黯然神伤，原本舒适的心情顿时烟消云散了，此时的三变，心中有无限忧愁。不曾饮酒，竟也到了醺醺而醉的状态。古人云：“黯然销魂者，惟别而已矣。”他心中不舍的，终究还是那远在汴京的瑶姬罢了。

江上的秋色平远辽阔，而三变的心中却有几分伤感的情绪。平静的江面在群山之间犹如一面硕大的镜子，映照出三变眉间的点点忧愁。

“暖风熏得游人醉，直把杭州当汴州。”三变也希望，自己就身处在终日令他魂牵梦萦的汴京城里，陪伴在温柔体贴的娇妻身旁，一刻也不离开。只是他更加清楚，自己全身上下流淌着的都是名宦世家的血液，虽谈不上高贵，却依然有着不可推脱的责任与使命。

他要做的就是延续家族的荣耀与光辉，在科举取士的道路上步步前行，越走越远。而在游学途中，结识一些志同道合的文友和声名显赫的达官贵人，是为以后的科举考试做的最好准备。

“尽日空凝睇”不同的人面对同样的光景，有着不同的感受。纵算心中愁云无限，久久不能消散，又能如何呢？所有的伤怀到头来，也不过是一场空罢了。

天色渐晚，三变看着眼前的江景，觉得瞬间开阔了起来，不禁微微一笑，仿佛顿悟了一般。

有人说，一辈子是场修行，短的是旅程，长的是人生。而杭州的时光，于三变来说，明净清晰，经年之后，重回旧地，更是别有一番滋味。

最是鄂州蝉躁晚

登孤垒荒凉，危亭旷望，静临烟渚。对雌霓挂雨，雄风拂槛，微收烦暑。渐觉一叶惊秋，残蝉噪晚，素商时序。览景想前欢，指神京，非雾非烟深处。

向此成追感，新愁易积，故人难聚。凭高尽日凝伫。赢得消魂无语。极目霁霭霏微，暝鸦零乱，萧索江城暮。南楼画角，又送残阳去。

——《竹马子》

夏天的太阳，明媚不已，但伸出手依然什么也碰不到。就像一个人的一生，无论是平坦通达、光鲜亮丽，还是命途多舛、一波三折，到了命运尽头，所有的悲欢喜乐都会烟消云散，甚至不留一丝痕迹。那些或喜或悲的故事，在流淌的时光里重复上演，而结局却始终没有什么不同。

有的人，一出生就走在一条开满桃花的路上，云蒸霞蔚，前程似锦。一生都是那么简单、直率，就像身边吹过的风和流过的河流一样。即使活到老，也不可能理解一件错综复杂的事。

而大多数人，一生是那么惶乱而怯弱。像冰融的春水追寻河流，他们也一直在追寻梦想的路上。他们奋力挣扎、坚强地和命运搏斗，终其一生，只为在这繁杂的俗世里找到一个自己向往的位置。

无论是否如愿，他们依旧执着于过程，亲历每一寸光阴，尝尽世间百味。他们认为，只有这样，人生才足够完整。

浮生若梦，梦境有深有浅。有人沉浸其中，一辈子也不愿意醒来，有人却能站在那绝顶的高峰，置身事外，静看云卷云舒、花开花落。而柳三变从来不是后者，他是人间惆怅客，不是人间富贵花。

他想要的，是一个人流浪，在静默的风景中寻找故事，在温润的江南里品出诗意。

“流光容易把人抛，红了樱桃，绿了芭蕉。”时光她送走了姹紫嫣红的春天，又迎来了浓情绿意的夏天。轮回几度，游学之路漫漫遥遥，三变在这吴楚大地上已经辗转了两年多。

他遍历山水，以文会友，在走过的每个地方都留下了深深浅浅的足迹。在没有家人温暖的旅途中，他赖以生存的，只有淡泊的山水和苦涩的文字。

走过的地方越多，故乡就越遥远。他的心中装满了这秀色江南的千山万水、婉约词章。汴京城里的父母与妻子在他的心里却越来越小。那深深的思念甚至已经快让他忘记与瑶姬约定的地久天长。那个为她红袖添香，抚琴歌唱的妻子，在远去的时光里正慢慢老去。

两年了，他孤独地漂泊在这天水氤氲的江南大地上，从姑苏到杭州，再到如今脚下的这片有着浓厚的吴楚印记的鄂州营垒上。他看过太多的风景，也经历过太多的人和事。他的眼里，早已没有当年那个少年眼中的纯粹，反倒是多了几分久历红尘的成熟与沧桑。

策马扬尘，黄沙滚滚，这是三变第一次也是最后一次来到这片辽阔的吴楚大地上。他知道，这片土地上的英雄灿若繁星。来到这里便能看到，昔日里，那个骁勇善战，为楚国开疆扩土的第一代楚王熊渠的威武英姿；那个剿灭黄祖，一统江东的吴王孙权的悠然身影；那个为东晋立下赫赫战功，名震一时的武将陶侃，在作战时，是何等的英勇无畏。

这片土地上的印记是这般的厚重，以至于浩浩荡荡，奔涌而来的长江，到了这里也突然变得舒缓起来，仿佛连她也载不动那兵勇将猛的过往。

三变在低矮的屋檐下和斑驳的梧桐树影里穿行，感受这座城的直率与坦荡。他明白，不是所有的过去都值得怀旧，也不是所有曾经的辉煌都会带来今日的风光。在鄂州深深的巷子里，不必去管外面的风云变化，只需安静地聆听静立的老树上的传来的几声鸟啼声，享受这悠长的岁月，将日子过得从容，便足矣。

可是这一年，他才十九岁。还未到弱冠之年的他，却仿佛是一个饱经风霜的文人一般，写出的词句，是那么老练，那么悲伤。

登孤垒荒凉，危亭旷望，静临烟渚。对雌霓挂雨，雄风拂槛，微收烦暑。渐觉一叶惊秋，残蝉噪晚，素商时序。览景想前欢，指神京，非雾非烟深处。

向此成追感，新愁易积，故人难聚。凭高尽日凝伫。赢得消魂无语。极目霁霭霏微，暝鸦零乱，萧索江城暮。南楼画角，又送残阳去。

他原本只想要做一个超然物外的出世者，享受山水清欢，远离红尘喧嚣，以一个过客的身份，淡漠地看这世间的故事，从开始到结束。但事实上，他生来就在这红尘深处，越想逃脱，只会坠得越深。起码，在这一生里，他始终逃脱不了的是那多情词客的身份。

在鄂州，若要说最古老的地方，还得是那滔滔不绝，奔流不息的长江。斗转星移，世事变迁，唯有她始终平静地流淌在这无垠的时间里，从未改变。

三变终是来到了长江边，以一个词人的身份。

“问君能有几多愁？恰似一江春水向东流。”千年前，南唐后主李煜立在小楼上，发出的这句感慨，萦绕在后世人心间许多年。几乎每个来到长江边的文人雅士都会想到那个孤独而落寞的亡国之君的身影。

三变站在长江边，看着一个个孤立的营垒。在江面的映照下，每一个都显得摇摇欲坠，似乎下一秒钟就会被这浩浩荡荡的江水带走，连同它们身上承载的历史记忆。

登上营垒，站在顶端的危亭里。他静静地看着江中的沙洲，被茫茫烟云笼罩着。看到这样的情景，他的心境也跟着悲凉起来。

烟波浩渺的天空被一场大雨洗劫一空，也削弱了夏日的烦闷酷暑。原本波澜不惊的江面顿时变得汹涌澎湃起来。江风阵阵，雄劲苍凉，吹拂着危亭上的栏杆。立在亭子里面的词人也不再平静了。在江风的吹拂下，他的心中泛起一圈圈涟漪。每一圈，都承载着无尽的乡愁。

暗淡的彩虹悬挂在远远的天际。小雨淅沥，点点滴滴落在江面上、江岸边，还有词人的心间。

天晚的悲楚，已有了几分凄凉之意。岸边的树林里，几只残蝉正有气无力地悲鸣着。可能是下了一场雨的缘故，傍晚的天空，依然澄澈清明。他看见一片黄叶在风中飘零辗转，顿时发觉，这日子已经过到了“素商”时节了。所谓“一叶落而知天下秋”，又是一年秋天，而远游的人依然漂泊在他乡。

“览景想前欢，指神京，非雾非烟深处。”看到眼前的景色，不禁想起昔日在汴京的日子，往日的欢情一幕幕浮现在眼前。他再一次眺望远方，在那似烟非烟的彩云深处寻找着，汴京的方向。

在他的心里，汴京城已经越来越遥远了，以至于父母和瑶姬，都已成了故人。对故城和故人，思念之情胜过了其他一切情感。

“向此成追感，新愁易积，故人难聚。”怀念是一缕炊烟，看得见越摸不着。身在鄂州，三变想要回到汴京与家人相聚，却是一件可望而不可即的事情。

暮色迷离，城南楼上的画角在雨后残阳的映照下，更显凄厉。角楼里的歌声，哀感顽绝，随着一抹残阳沉入大地。旧愁之上，更添新愁。三变却只能站在这江边凭栏望远。无奈望见的也只有这萧索的江城和几只零乱的暝鸦。

其间离愁，恰似这一江秋水，书不尽道不完，自不必说。

世人都说，三变是一个婉约的词人。殊不知，在这片狭小的诗词领域，唯有他，将这种婉约发挥到了极致。他的词句，字字伤感，尽成离恨。

未知何处是潇湘

望处雨收云断，凭阑悄悄，目送秋光。晚景萧疏，堪动宋玉悲凉。水风轻，苹花渐老，月露冷，梧叶飘黄。遣情伤。故人何在，烟水茫茫。

难忘。文期酒会，几孤风月，屡变星霜。海阔山遥，未知何处是潇湘！念双燕，难凭远信，指暮天，空识归航。黯相望。断鸿声里，立尽斜阳。

——《玉蝴蝶》

古往今来，总有许多人在不停地找寻某个地方逃离世事，从头开始。这些人，或是才思俊逸的文人墨客，或是久经沙场的名门武将，或是不见经传的常鳞凡介；这些地方，或是青翠秀丽的高山，或是婉约轻灵的流水，或是如诗如画的古镇。

不论何地，只要能栖息灵魂就是心安处，因为每个人的故事走到最后，其间的离合悲欢大致都相同。没有谁要去为一段往事交付自己的青春时光，更不应该把属于自己的日子过到一无所有。

有人说，到达了生命的某个特定时期，任何地方都可以安身。我想，说出这句话的人要么是有着海阔天空般的心境，要么是身陷在世间太多错综复杂的悲喜故事中难以逃离。

作为一个深情的词人，三变从来都是后者。在他那里，只要看见了一个稍可注意的事物，不管是一山一水，还是一草一木，总是要寻根究底，问个仔细的。而且在这个过程中，他的心里总能够滋生出万般情绪来。

月浅灯深，梦里云归何处寻。想当初，三变离开汴京时，鲜衣怒马，满心梦想。一转身，就把汴京和瑶姬抛在身后。离别的那一刻，他在心里暗自立誓，此去江南，不管山有多高，水有多长，路有多远，都要不忘初心，一直向前。他知道，他定会在那杏花烟雨的江南，闯出自己的一片天来。

然而当时那个满腔热血的少年忽视了一个道理，即使是一块有棱有角的石头，在河水千百年不断地冲刷之下，也会变得光滑圆润。更遑论是一个有血有肉的人。年少轻狂之后，他就会知道这世界的中心，从来都不是自己。代之展现在世人面前的，是一种更加沉静的力量。

梦想就像振翅的蝴蝶一样，轻盈地在娇艳的花丛中翩翩飞舞。看起来是那么美丽，就好似刚从庄周的梦里飞出来一样。可不管是怎样的艳丽，她始终都渡不过茫茫沧海。

“心有双丝网，中有千千结。”如今的柳三变，历经山水的洗礼，再也不是当年那个简单纯真、涉世未深的少年了。在孤寂而漫长的游学途中，他走过一程又一程的山水。除了将灵魂寄托在苦涩的文字里，仿佛再也找不到一个合适的出口，供这个多情的词人宣泄了。

梦是易碎的。无论走得多远，在异乡，终究只是一个人。一个人跋山涉水，一个人登高远眺。无论天空多么明朗，无论山水多么温柔，这个孤独的词客，就是迎着光芒，心里也不会有太多的明亮。

望处雨收云断，凭阑悄悄，目送秋光。晚景萧疏，堪动宋玉悲凉。水风轻，苹花渐老，月露冷，梧叶飘黄。遣情伤。故人何在，烟水茫茫。

难忘。文期酒会，几孤风月，屡变星霜。海阔山遥，未知何处是潇湘！念双燕，难凭远信，指暮天，空识归航。黯相望。断鸿声里，立尽斜阳。

君帆正渡湘江渚，万里潇湘万里诗。潇湘，自古以来都是文人墨客的聚集地。这片土地上的山，万古长宁，能使人于一场落叶匆匆里明心见性，灿烂从容；这片土地上的水，澄澈清透，能在某个阳光明媚的白天照见自己从前的影子，简单温婉。

千年的时光恍如白驹过隙，在不经意间悄然而逝。物换星移，这里曾有过兴盛和繁华，也曾经历衰败和落寞。“流水淘沙不暂停，前波未灭后波生。”时光里的点点滴滴，让这片土地在历史的长河里，越来越深厚。那些发生在这片土地上的故事，在后世人的心中，也越来越明了。

细细观望往日的潇湘，便可看见，千年前娥皇女英在得知舜帝死于苍梧的消息后，抱竹痛哭，泪尽而死的凄凉光景。看见唐代大诗人杜甫为此写下“桃源人家易制度，橘洲田土仍膏腴”的田园旧景；看见南宋理学家朱熹与张轼往来于岳麓书院与城南书院的讲学时光；看见百年前曾国藩操练水上湘军的号声依旧清晰；还有当年毛主席立于橘子洲头，看万山红遍，层林尽染，漫江碧透，百舸争流的悠然清影。

小桥是流水的记忆，流水又承载着落花的过往。这片湖湘大地上，藏匿了太多的风流佳话。然而这些流传百世的韵事，总会让某些多才多情的文人墨客，在心中酝酿出千头万绪，以及许多万古流芳的诗词乐曲。柳三变，就是这浩浩繁星般的天涯词客中的一个。

日子很长，四季却很短。一天中，最惹人伤感的时候，莫过于黄昏时刻。四季轮回，最让人动情的时候，莫过于萧索的秋天。

在看过许多地方的潇湘风景，领略过悠久绵长的湖湘文化后，三变终是选择在深秋的某个日子里离开这片土地。他踏上远行的船帆，跟随湘水一路北去，奔赴下一个有了年岁的地方。

行走在旅途中，如同行走在人生的道路上，是逃离也是一种回归。这几年，他在诗意的江南大地上走走停停，多次辗转，早已习惯了相遇又离别。只不过，在每个经过的地方，他都留下了许多无处安放的愁绪。这一次，亦不能逃离。

一场突如其来的秋雨，淅淅沥沥下个不停，打在平静的江面上。在这凄凉的暮秋时分，这场雨就好似一支情绪的催化剂，瞬间引发了三变的满心忧愁。

雨后初歇，三变从船上的阁楼里走出来，倚在船上的栏杆旁，伫目凝望。满天的乌云渐渐散去，天空澄澈如洗。但目之所及之处，昔日里繁盛的景物却在这萧瑟的秋光里一点点老去，不禁令人神伤。

用忧愁去掩盖忧愁，向来是诸多文人志士的疗伤之道，三变也不例外。面对眼前这般冷清荒凉的秋景，他不禁想起了悲秋始祖宋玉的那些浓郁且深沉的感叹。“悲哉！秋之为气也，萧瑟兮，草木摇落而变衰。”“坎廪兮，贫士失职而志不平；廓落兮，羁旅而无友生。”这一刻，三变才真正理解，千年前子渊在这无边无际的秋光里，心境是何等悲凉。

一阵轻风拂过水面，带来丝丝凉意。江边的水泊里，白苹花正渐渐消残。这般凄凉的景象，他甚至有些分不清，是来自眼前还是心中。月色清明，苍苔露冷。想是那岸边的梧桐树也禁不住夜里寒意的侵袭，叶子才片片枯黄。三变为那片片飘落的黄叶感染，不禁又悲伤起来。

在湘楚大地上的这段时间，他一边游山玩水，享受自然的乐趣，一边填词作曲，结交了许多志同道合的朋友。自古而今，文人之间，总有一种惺惺相惜的情怀。这种从骨子里流露出来的情感，只有真正互相懂得的知音，才能够理解。

“海阔山遥，未知何处是潇湘！”三变想到此前参加的文人雅集、纵情欢宴，至今还历历在目，令人难忘。又想到此去一别，山高水长，鱼雁难凭。不知何年何月才能再回到这里与故人相聚，他不禁感到有些茫然，有些悲痛。

斜阳已尽，天色渐晚，孤雁哀鸣声飘荡在天际。三变却依然伫立在船边，陷入深深的离愁里，无法自拔。

人生若不系之舟，在岁月的长河里漂泊，时光冲洗着过往的船只，而船上的人正在奋力的划向故事的彼岸。不知何时，三变才能真正懂得，那一个个寂寞悲喜，云散萍聚的故事，在这个世间，是多么的寻常。

归来汴京发妻逝

花谢水流倏忽，嗟年少光阴。有天然，蕙质兰心。美韶容，何啻值千金。便因甚，翠弱红衰，缠绵香体，都不胜任。算神仙，五色灵丹无验，中路委瓶簪。

人悄悄，夜沉沉。闭香闺，永弃鸳衾。想娇魂媚魄非远，纵洪都方士也难寻。最苦是，好景良天，尊前歌笑，空想遗音。望断处，杳杳巫峰十二，千古暮云深。

——《离别难》

人生最悲哀的，莫过于得到了之后又失去。这要比追寻得不到的东西还要悲惨。因为追寻总是会让人常怀期待。但得而复失后，留下的就只有苦涩的回忆。

三年远游，柳三变在如诗如画的江南里飘零辗转，行踪飘忽不定，如同闲云野鹤般悠然自在。兴致来时，他便寻一个阳光明媚的日子，赶赴一场文人雅士的盛宴，曲水流觞，诗词唱和，与一群有着共同兴趣志向的朋友们，在山水之间洗涤灵魂。

这三年，他填了许多的词。或怀古伤今，或赞颂山水，或抒发离愁别绪。不论是朦胧温婉的姑苏，还是繁华富庶的杭州，抑或是那有着厚重历史的吴楚大地，都曾是他笔下或浓或淡的痕迹。作为一个词客，他一直在用自己独有的方式，赋予每一个他游历过的地方一些新的气息。

走过的路越多，人生的阅历就越宽广，心境也会越来越开阔。但环境一旦改变了，身边的人和事都会跟着改变。以前的故事也都变成了回忆，纵然相爱的两个人曾经生死相依、不离不弃，到头来也不过曲终人散、人走茶凉。关于汴京的记忆，三变还一直停留在那个初秋的渡口止步不前。

关于爱情，他一直坚信“两情若是久长时，又岂在朝朝暮暮”的观念。在三变的一生中，大多时候，他都在扮演着一个愁苦的词人。但是少年时候和瑶姬的婚姻，却是他一生的白月光，是他内心深处一处永远难以愈合的伤口。

或许是年少的心太过轻狂，而生长在书香名门、官宦世家的三变自小就受尽父母的疼爱，婚后更是受到妻子深深仰慕，加上小小年纪，就声名大噪，在汴京的词坛占据一席之地。这一切，不仅成就了这个词人的身份，也成就了他高傲的心性。

所以他笃定瑶姬永远不会离开。因为他们约定过，要携手一生，相约白头。他心里无比清晰，他们之间有多么相爱，也一直相信瑶姬会等待他游学归来，功成名就的那一天。

“一往情深深几许，深山夕照深秋雨。”他确实是对的，瑶姬也的确对他爱得深沉。但情深如许，一往而终。他还是低估了瑶姬爱他的深度。

自从他们成亲之后，在瑶姬的世界里，重心就变成了三变一个人。每天陪伴在夫君的身旁，就是莫大的幸福。她只想在他读书写字时，为他研墨，在他饮酒赏月之时，为他抚琴。在这个处处被封建制度包裹的时代，她渴望有一段美满的婚姻。她甚至从未想过，有一天，三变会离开她身边。

爱得有多深，离别就有多痛苦。在爱情与夫君的前程中，她选择了成全。她知道，如果当初她恳求三变留下来，他就一定会留下，可是她始终没有这样做。她知道，如果不能帮夫君做些什么，那也一定不能成为他前进路上的绊脚石。或许是因为出生在名门世家，自小受到封建礼制的熏陶，在大是大非面前，她实在太过理性了，甚至超越了那个时代一般女性的思维。

三变远游三年，对她来说无疑是一个沉重的打击。“入我相思门，知我相思苦，长相思兮长相忆，短相思兮无穷极。”自从那年初秋离别后不久，瑶姬便因忧思过度一病不起，身体每况愈下。可在每次给三变的去信之中，她从未提及她身体状况，反而言语之间尽是对夫君的关心与叮嘱。

远游江南的三年时光，在三变看来不过是漫漫人生中的一段小插曲，才刚刚是人生征途的起步阶段。但对瑶姬来说，却是人生的最后阶段。

三年，实在太长了，不是所有的时光都经得起等待。她知道自己时日无多，也不肯告诉三变。虽然家人多次想去信给在外远游的三变，但都被瑶姬劝阻了。她不想让丈夫回来看到自己病态快快的模样。在最后的日子里，她没有盘算太多的事，唯一期望的，只是想把自己最美好的一面永远定格在三变的心里。于她而言，这已然足够了。

翻开史册至北宋景德二年，也就是公元1005年。这一年，北宋的都城汴京依旧像往常一样，有着“万里帝王家”应有的繁华与气派。但这一年，对游学归来的柳三变来说，却是痛不欲生的一年。

那个曾经陪他踏浪行舟、看烟柳画桥的人，那个曾海誓山盟说要陪他一起白头的人，相思多年成疾，因病离世了。从此，夜空里多了一颗明亮的星星，而在尘世的三变，失去了他挚爱的发妻。

三变从未想过，有一天瑶姬会这么早离他而去。痛到极处，连开口说话也是一件艰难的事。关于瑶姬，那些藏在心底的无法言说的愧疚与思念，从此化成了三变笔下的一首首悲凉的词曲。在三变诸多思念瑶姬的词曲中，尤以一首《离别难》最为悲痛。

花谢水流倏忽，嗟年少光阴。有天然，蕙质兰心。美韶容，何啻值千金。便因甚，翠弱红衰，缠绵香体，都不胜任。算神仙，五色灵丹无验，中路委瓶簪。

人悄悄，夜沉沉。闭香闺，永弃鸳衾。想娇魂媚魄非远，纵洪都方士也难寻。最苦是，好景良天，尊前歌笑，空想遗音。望断处，杳杳巫峰十二，千古暮云深。

情劫难渡，但世间痴情者总有无数。对两个相爱的人来说，这世间最遥远的距离，不是生离，而是死别。想起《项脊轩志》文末的那句："庭有枇杷树，吾妻死之年所手植也，今已亭亭如盖矣。"只是几句简单的白描，却能让人一读就明白，归有光对妻子的思念有多深沉，一个人独自老去又是多么的凄凉。

苏轼在妻子十年忌日那天提笔写道："十年生死两茫茫，不思量，自难忘。千里孤坟，无处话凄凉。"贺铸在年近花甲之龄，特意回到与去世多年的妻子一起生活多年的苏州故地悼念亡妻，情难自已，写下了一首千古流传的《鹧鸪天》："重过阊门万事非。同来何事不同归？梧桐半死清霜后，头白鸳鸯失伴飞……"

历史上无数生离死别的故事都在告诉我们，在爱情里，是过客，便做不了归人。

瑶姬的逝世对三变的打击，不亚于科举不第带来的伤痛。只是他始终放不下这悲伤的包袱，也无力再去经历一段刻骨铭心的爱情，因为此生要遇见的那个人已然成为旧时光里不可磨灭的风景，是不论怎样的倾城才貌也无法敌过的美丽。

三变是头年秋天回到汴京的，而在那之前，瑶姬已经入土为安了。他度过了人生中最难熬的一个寒冬。如今，百花凋零，就连春天也都快过去了。他还沉浸在瑶姬离世的悲伤中，不愿接受。每想起一次瑶姬，内心就会被刺痛一次。不可否认的是，瑶姬的逝去是他心里永远也迈不过去的一道坎。

“有天然，蕙质兰心。美韶容，何啻值千金。”三变时常想起远游之前和瑶姬在一起的日子。那时候的瑶姬，温柔贤惠，天生丽质，如出水的芙蓉一般。她有着姣好的容颜，是不管多少的金钱也买不到的。这是三变回忆起来的关于瑶姬的记忆。想必此时瑶姬应是开心的吧，因为她的丈夫没有见过她生病时的憔悴模样。她在他心中的依然是那么美好。

“流水落花春去也，天上人间”。逝去的时光就像零落的花瓣和无情的流水一般，一去不复返。如今两个痴情人，一个在天上，一个在人间，早已是物是人非。昨日的种种温情早已被离别的苦恨所掩盖了，那些美好的回忆也随着永不回头的时光一起消逝了。

三变痛恨自己没能在瑶姬缠绵病榻的时候赶回来，没有陪她走完人生的最后一程。他也怪过她，怪她太过明事理，太过坚强，独自承担所有的痛苦，不肯给他增加一分一毫的负担。想到这里，三变更加神伤了，不禁拿起身边的酒杯，倒上一杯又一杯的酒，对月独酌起来。而在以前，都是瑶姬在身旁为他斟酒的。

一片伤心画不成。瑶姬离世后的一段时间里，三变的世界仿佛变成了灰色。一颗心支离破碎掉了一地，是不管怎样的丹青画笔、锦词佳句也描绘不了的光景。

不管父亲和兄长的反对，他整日里只想执笔填词，只想将与瑶姬在一起的时光，那些明净如水的记忆一一记录下来。

汴京城里留下了太多他与瑶姬的故事。带着对瑶姬的思念，他去了林间的那个秋千架旁，那个他为她筑梦的地方。秋千仍在，故景仍旧，可当初坐在秋千上的人却消逝了。悲哀兮！唏嘘兮！

他知道她是舍不得他的，他有感觉瑶姬的娇魂一定还在他身边徘徊，还未走远。只是他不明白命运为何要和他开这样一个天大的玩笑，为何给了他一段天缘巧合的婚姻，又将时间限制得刚刚好。难道真的注定深情的人就不能活得长久吗?

“最苦是、好景良天，尊前歌笑，空想遗音。”最令三变悲伤的，不是那个人从未出现，而是出现了他却抓不住。三变已经记不清，在多少个无边无际的月夜里，独自对月饮酒，看到瑶姬轻盈的舞姿和悠扬的歌声，多少次酒醒后却发现，身旁空无一人，欲言还休。

如果说瑶姬离世后，成为了夜空里万千星星中的一颗，那么三变便似夜晚林中飞舞的一只萤火虫。因为他们彼此都知道，星星和萤火虫在夜里发光从来都不是为了保持光！只有在夜色未央的光亮中，他们才不算是阴阳两隔，才能更清楚地看见旧时光里那些温柔的故事！

“故园消息谁通讯，玉瘦香寒总不知；驿使未归江路远，教人何处寄相思。”就像龙应台说的：“如果一粒沙里有一个无穷的宇宙，一刹那里想必也有一个不变不移的时间。”所以也该有一个素雪纷飞，寒梅傲枝的时刻，在生死之外，只属于三变和瑶姬。

三变和瑶姬的爱情，有着美丽的开始，却未能有一个圆满的结局。这是瑶姬的无奈，也是三变一生的遗憾。此后的几十年里，他曾流连于青楼画阁，绣户珠帘之中，却再没有这么用力地爱过一个人。

第三章 风吹金榜落凡世

曲终人已散，青山仍未老。他曾用无数个日子都无法忘记的悲痛往事，却在领悟的那一刻，豁然开朗。顿悟之后方明白，每个故事的开始和结束，都只在一念之间。带着亡妻的嘱托和心中的渴望，柳三变重拾心情，背上行囊，踏上了漫漫科举之路。

皇都风光盈绮陌

皇都今夕知何夕。特地风光盈绮陌。金丝玉管咽春空，蜡炬兰灯晓夜色。

凤楼十二神仙宅。珠履三千鹓鹭客。金吾不禁六街游，狂杀云踪并雨迹。

——《玉楼春》

日子如流水，百转千回后又遇见原点。那时候才发现，所有的故事里，竟都没有主角，却也都是主角。

前几年，三变在江南兜兜转转，一边游山玩水，一边以文会友。如同一只断了线的风筝，将汴京城里的一切抛在身后，自由自在，随风而飞。但未曾想到的是，待他回到汴京的时候，他的爱妻已经去世多时了。

瑶姬的逝世，让三变的世界黯然失色。大半年时间里，他都难以走出爱妻消亡的阴影。“借酒消愁愁更愁，抽刀断水水更流。”三变一度让自己沉浸在半梦半醒的状态里，仿佛只有这样才能感受到瑶姬的存在，才能不去想那些痛苦的回忆。

柳宜夫妇知道，三变暂时还不能接受瑶姬的离开。所以，在这段时间里，他们给了他一定的空间，让他去认清一个事实——那个痴守爱情的人，不会再归来。

看着儿子日渐消沉的模样，柳宜觉得心痛又心寒。他明白，如果三变再这样下去，必然荒废举业。于是他便编了一个善意的谎言，告诉三变瑶姬临终时的遗愿是希望他继续勤学苦读，致力于举业。其实，这也不完全是谎言，柳宜只是把瑶姬还未来得及告诉三变的话说出来了。这也是瑶姬就算知道自己已病入膏肓，也不愿意让在外的三变徒增忧愁的原因。

有时候，只需简单的几句话，便能将一个沉沦的游子，从梦中拉回现实。父亲的话无疑给了三变展望未来的勇气。

“系我一生心，负你千行泪。”从某种程度上讲，瑶姬是因为他而去世的。他告诉自己已经辜负了她一次，所以绝不能有第二次。接下来，他要带着心中未完成的理想和瑶姬的遗愿重新踏上科举之路。他心里无比清晰，这是他们那个时代心中有抱负的文人们唯一的出路。不管这条路有多么艰辛，他知道，瑶姬此刻定是夜空中最亮的那颗星，会一直照亮他前行的征途。

在领略过江南的吴侬软语，历经汴京城里的生死别离之后，柳三变再也不是那个年少轻狂的少年了。步入冠年，博取功名成了三变当下最要紧最迫切的事情。每次告别，都是新的开始。瑶姬的离开虽然令他痛彻心扉，但更多的是给了他一往无前的动力。

“书中自有黄金屋，书中自有颜如玉，书中自有千钟粟。”重拾心情之后，他每天都投入在经书卷籍之中，为科举考试做准备。渐渐地，他的世界开始重新有了颜色。

皇都今夕知何夕。特地风光盈绮陌。金丝玉管咽春空，蜡炬兰灯晓夜色。

凤楼十二神仙宅。珠履三千鹓鹭客。金吾不禁六街游，狂杀云踪并雨迹。

“陈桥兵变”拉开了北宋王朝的序幕，在赵氏一族的精心统治下，这座地处黄河河畔、中原腹地的七朝古都汴京城日益发展，成了当时最大的政治和经济中心。其间繁华，就像金朝李盼的《汴梁杂诗》里描绘的一样：“琪树明霞五凤楼，夷门自古帝王州。衣冠繁会文昌夜，旌戟森罗武库秋。”所到之处，皆是一片繁花似锦，朝气蓬勃的景象。

三层高大雄伟的护城墙，一层层地将皇宫包裹起来。它们如同汴京城的骨架一般，将整个城有序地划分为外城、内城和宫城三大部分。每一层，都彰显着汴京的繁华和赵宋皇室的威严。

汴京城的商业市肆尤为发达。据《东京梦华录》记载，北宋东京的汴梁城“东华门外，市井最盛。凡饮食、时新花果、鱼虾鳖蟹、鹑兔脯猎、金玉珍玩、衣着，无非天下之奇”。真可谓是“汴京富丽天下无”。

汴京的皇城奢华阔绰、至高无上，汴京的市井琳琅满目、人声鼎沸。大雅大俗都聚集在这座京都城里。这无疑给了柳三变这个敏感细致的词人无限的灵感。在这个地方，欣欣向荣的大宋词坛如雨后春笋般正茁壮成长起来。不论世事如何变迁，宋词就像一杯清酒，至今还时不时地滋润着后世人心中的沃土。

在两宋时期，随着城市的发展和市民阶层的兴起，物质生活的丰富，人们对文化生活的追求也更加强烈。彼时，不但宫廷内设有教场，许多城市里也都有歌楼伎馆，甚至有些官僚豪绅家里也有歌伎舞女，这种社会风尚为宋词的普遍发展提供了条件。

词本是配乐演奏的附属品，但一旦被皇室和王公大臣们看重，它就有了新的含义。宋代皇帝几乎个个爱词。宋代官员柳三变、范仲淹、王安石、司马光、苏轼，还有那个灵秀聪慧，用一支生花妙笔写尽人生的美丽与哀愁的李清照，都是历史上的著名词人。他们是推动宋词发展不可磨灭的功臣。

《四库全书》中有云："词自晚唐五代以来，以清切婉丽为宗，至柳三变而一变，如诗家之有白居易。"三变一改五代以来朦胧深奥的雅词，开创了语言生动、浅近的俚词。他的词，一扫此前词人的雕琢习气，充分吸收日常生活中的俗语、俚语，用通俗流利的语言取代了雅致绮丽的修辞。毋庸置疑，柳三变是宋词的开拓者之一，后世的苏东坡、辛弃疾、李清照等著名词人的作词风格或多或少都受到了三变的影响。

自从远游归来，因瑶姬的突然离世，加上每日沉浸在“之乎者也”之中，三变还未好好地感受京都这些年的变化。因此他决定在心中放晴的某个日子里，要将自己置身于这座他思念多年的故城之中，用心聆听这座城的沧桑故事，让所有的相遇都成为美丽的契约。

“皇都今夕知何夕。特地风光盈绮陌。”那天夜里，三变行走在汴京城熙来攘往街道上，被那热闹非凡的繁华景象深深震慑到了。蜡炬兰灯熊熊燃烧，灯火辉煌，亮如白昼。街旁的青楼画阁里传来的各种乐器声有如万马齐鸣，涤荡着汴京城寂静如洗的夜空。

在柳三变的一生中，虽然在大部分时候，他都扮演着一个风流才子和多情词人的角色。但他从来不愿意做一粒渺小的沙子，被时光的洪流湮没。他有他的理想和抱负，他相信终有一日，自己的才华会在这太平盛世里得到施展。如此这般，才不枉来这世间走一遭。

要有怎样的收获，便要怎么去付出，这是亘古不变的真理。汴京的繁华热闹令三变感受到了北宋的繁荣昌盛。这不仅让这个词人更加热爱这个城市，也使得他报效国家的志向更加坚决了。

三变选择在这座承载着他太多回忆与故事的汴京城里重新出发。这一次，他的身后再没有了那双含情脉脉的泪眼凝望着他。他可以更加地奋不顾身、勇往直前。

定然魁甲登高第

尤红殢翠。近日来、陡把狂心牵系。罗绮丛中，笙歌筵上，有个人人可意。解严妆巧笑，取次言谈成娇媚。知几度，密约秦楼尽醉。仍携手，眷恋香衾绣被。

情渐美。算好把，夕雨朝云相继。便是仙禁春深，御炉香袅，临轩亲试。对天颜咫尺，定然魁甲登高第。待恁时，等著回来贺喜。好生地。剩与我儿利市。

——《长寿乐》

历史，就像是一面镜子，它沉默而深邃，在见证过无数家国变迁、悲欢离合的故事后，依然光滑如新、波澜不惊。时间，是超然物外的一种存在，它是千百年来最客观的标尺，从来不会因为任何的是非善恶而有失偏颇，停止向前。

他目睹了那些保卫家国的将士们，在烽火硝烟弥漫的乱世之中，策马扬尘，纵横山河的谋才韬略，也见证了许多十年寒窗无人问，日夜苦读的文人们，将满腹的经纶通过一张嘴、一支笔展现得淋漓尽致，从此封侯拜相、万古流芳，一举成名天下知。

远游归来的三变，也算是一个过尽千帆的文人了。有些道理，真的只有走过万水千山才能明白。生命是一个从简单到繁复，再从繁复到简单的过程。只有一程一程的经历过，才能真正体会到山水清欢是何滋味。

一个千帆过尽的人，是那些在看过无数地方的山水，经历过许无数惊涛骇浪般的故事，体验过许多次的得失之后，内心才归于平静的人。一个淡泊名利、隐居山林的人，此前都是遍尝人情百味，体验世态炎凉的人。

人的一生，从开始到结束，总是要不断经历，方能不断成长。

三变一直信奉“成者为王，败者为寇”的千古箴言。成者的一点一滴、春华秋月都会凝成史官简单而清楚的笔迹，在史卷上万古流芳。而败者，终究是平凡的，他们的一生从来不会受到史官的青睐，最后只会被无尽的烽烟湮没在时光的洪流之中。

彼时的三变，满腔热血，一心扑在科举考试上，他始终相信在政坛上必然有一席之地是属于自己的。然而史事无假设，谁又能想到，他一生所追求的事业，总是一次次开他的玩笑。更未曾预料的，恰恰是这一次次的玩笑，让他在词坛上盛极一时，被后世人奉为“曲宗”。当然，这是后话了。

宋初至真宗时期，可谓政通人和、海晏河清。每逢丰收之年，皇帝都会感念上天的恩德，举行声势浩大的祭祀典礼。一者是为民祈福，一者则是为了彰显皇室的威严。世人都知道，宋太祖赵匡胤驾崩之后，宋太宗谋朝篡位继任皇帝，至真宗时期，依然有流言蜚语盛行于世，说他的皇位来得名不正言不顺。

据《宋史·真宗本纪》记载："大中祥符元年春正月乙丑，有黄帛曳左承天门南鸱尾上，守门卒涂荣告，有司以闻。上召群臣拜迎于朝元殿启封，号称天书。丁卯，紫云见，如龙凤覆宫殿。"为了稳定人心，宋真宗联合朝臣上演了这一出"天书"戏码。

天书上盛赞宋真宗时期，君明臣贤，政治清明。宋朝的统治必将千世万世地绵延下去。这一年，举国同庆天书降临于世，朝野上下"争奏祥瑞，竞献赞颂"。

那时候，三变虽一心一意地准备着科举考试，但也时常听到父亲与来往官员的交谈。自然是不能对这件盛事充耳不闻，便以一首《巫山一段云》称颂了当时的盛况。"琪树罗三殿，金龙抱九关。上清真籍总群仙，朝拜五云间。昨夜常微诏下，急唤天书使者。令赍瑶检降彤霞，重到汉皇家。"

三变将神乎其神的天书之事落于笔下，勾勒出一幅奇妙的仙境图。璀璨玉树有序地分布在神仙居住的宫殿旁，五色祥云里，一条金色巨龙守护着九重天门。三变的这首词毫无疑问是对宋真宗的恭维与赞美。当时在汴京词坛已小有名气的他，希望这首赞词能够流传到皇帝的手中，希望能得到真宗的赏识。

在这个太平盛世里，在这个繁华如是的汴京城里，他希望有朝一日，他的才华能够传到内城的皇宫里，也算不辜负那些日夜苦读的寂寞时光。

宋真宗大中祥符二年春，柳三变，参加了人生中的第一次科举考试。两天一夜，他在考场上那一方狭小的空间里，以一支素笔挥毫落纸，指点江山，激扬文字，将积攒二十多年的才华韬略，在一张卷纸上展现得淋漓尽致。才高如三变，自负如三变。他坚信自己这一次科举“定然魁甲登高第”。

尤红殢翠。近日来，陡把狂心牵系。罗绮丛中，笙歌筵上，有个人人可意。解严妆巧笑，取次言谈成娇媚。知几度，密约秦楼尽醉。仍携手，眷恋香衾绣被。

情渐美。算好把，夕雨朝云相继。便是仙禁春深，御炉香袅，临轩亲试。对天颜咫尺，定然魁甲登高第。待恁时，等著回来贺喜。好生地。剩与我儿利市。

“曾经沧海难为水，除却巫山不是云。”“曾经”二字，是多少人心中无法言说的痛处。伤过的心如同一面破碎的镜子，再也不能恢复原状。自从瑶姬离世后，许多年里，三变虽然纵情于青楼瓦舍间，却再也没有像爱瑶姬一般爱过一个人。

父亲柳宜为三变娶了续弦，名唤秋芸。在这封建礼制下，为了传宗接代，为了家族荣耀，三变没有拒绝。但不得不说，秋芸是可悲的。因为自始至终，三变的心都没有落在她身上过。

科举考试之后，三变如释重负，虽然结果还未公示，但他信誓旦旦，从来不认为那些名落孙山的人里会有他。

那段时间，他经常与汴京的文友们流连于烟花风月之所。文人们畅谈国事，斗词斗酒；歌姬在席间起舞歌唱，还有几位美人在一旁佐酒。

在一次歌舞酒宴之上，席间众人都在饮酒作乐，吟诗作对。唯独柳三变的目光一直停留在一名歌姬身上。

缘分，是这世上最捉摸不透的东西。一个人的生命里，总会经历一场又一场的相遇和别离。有些人，来去匆匆，如同过眼云烟，始终只是一个过客。而有的人，一旦相遇，就会在心中烙下深深的印记，令人永远无法忘怀。

不知是有意安排，还是无心之事。席上歌女所唱的小调正是三变的那首成名之作《凤栖梧》。“帘内清歌帘外宴。虽爱新声，不见如花面。牙板数敲珠一串，梁尘暗落琉璃盏。桐树花深孤凤怨。渐遏遥天，不放行云散。坐上少年听不惯。玉山未倒肠先断。”

“昆山玉碎凤凰叫，芙蓉泣露香兰笑。”歌姬的声音，悠扬婉转，清脆动听。有时如那美玉被击碎时发出的声音，有时又似凤凰立于高岗之上的梧桐树中发出的哀鸣之声。

他深深地沉醉在这场歌声的饕餮盛宴之中，仿佛看见了十二岁那年在大官家宴上的那位天涯歌女。歌女发觉了三变的专注神情，报之以羞涩腼腆地微微一笑后，便心无旁骛地投入到表演中去了。舞步翩跹，歌声香甜，牢牢锁住了席间那个多情词人的心。

陡然间，他不自觉地想要亲近她。而她，一个青楼歌姬，从来都是敢爱敢恨的。面对眼前这个名动京城的大词人柳三变的欣赏，她是断然不会拒绝的。

一见钟情，不过瞬间的功夫。大抵是前世注定好的缘分，抑或是这个青楼姑娘勾起了三变内心深处的回忆罢。自那次宴会之后，三变便常来青楼里，点名让她作陪。之于三变而言，这位女子是“可意”的。“千金难买心头好。”瑶姬去后，她便是第一个令三变满意的女人。

于这位青楼歌姬而言，在这个鱼龙混杂的夜市里，她早已习惯了这种随俗应酬。但一入青楼，便永不能再回头。卖艺求生，或许她也有着一些难以言说的痛楚。但这些都不重要了，在遇见风流倜傥，才情盎然的柳三变之后，她的芳心便有了归处。

“知几度，密约秦楼尽醉。仍携手，眷恋香衾绣被。”终究是风尘女子，歌姬在梳妆打扮上自是胜过寻常女子。她不仅笑容美丽，而且风情万种，随意说话间都是无比的娇艳妩媚。不论歌喉和舞姿，只那娇柔风骚的姿态，便将三变那寂寞的灵魂勾了过去。他们时常相约秦楼，纵情歌舞，饮酒作乐直至酩酊大醉。到那时，他们仍然手拉着手，沉湎于香衾秀被的销魂之中。

“便是仙禁春深，御炉香袅，临轩亲试。对天涯咫尺，定然魁甲登高第。”春意浓郁，皇宫里皇上御用的香炉里，烟雾正袅袅升起。距离今科放榜的日子也越来越近了。

多年竭力向春闱，一朝成名天下知。三变幻想着登上朝堂进行殿试那天的到来，他立誓一定要让真宗皇帝看到自己的才华。这些年，他的才气，他的诗词饱受汴京文人的追捧。在这样的定位里，他对自己的实力坚信不疑，甚至有些自负。

他信誓旦旦地告诉这个陪在他身边多时的青楼女子，今年科举，他定能夺得进士第一。殿试之后，状元魁首亦是非他莫属。待到那时，他要她陪在他身边，为他起舞颂曲，为他好好地庆贺。

她从来都是相信他的，也一直在等着那天的到来。

浅斟低唱换浮名

黄金榜上。偶失龙头望。明代暂遗贤，如何向。未遂风云便，争不恣狂荡。何须论得丧。才子词人，自是白衣卿相。

烟花巷陌，依约丹青屏障。幸有意中人，堪寻访。且恁偎红倚翠，风流事，平生畅。青春都一饷。忍把浮名，换了浅斟低唱。

——《鹤冲天》

风华正茂，是一生中最青春的时候。那时的时光，如骄阳般热烈，如晴空般明净。那时的少年，心里都有一个波澜壮阔的梦想。那时的三变，信誓旦旦，一心求仕，从未想过黄金榜上，没有他的名字。

自然有枯荣，四季有更迭。世间万物，都有自己的规律可循。人生的路亦是如此，不是所有的事情都会按着心里的念想去执行。有的时候，原以为在情理之中的结果，却会大大出乎你的意外。到那时，你或许会惊慌失措，或许会愤世嫉俗，但绝不会轻言放弃。

会试放榜那天，春天迟暮，阴雨绵绵。汴京城的官员们携带着家眷和参加应试的儿子们倾城出动，早早就等在了会试考场外等待放榜。柳宜夫妇与三位儿子同乘一辆马车，从城南到城北，一路颠簸，使得他们本来就有些紧张的心，更加焦灼了。

唯独三变，依旧镇定自若，稳如泰山。仿佛他早早就知道了榜上已有他的姓和名。毕竟他曾经为了最初的理想是那般奋不顾身，赴汤蹈火。

临轩放榜，柳宜一家坐在马车里，派车外会识字的小厮去看榜。许久，小厮垂头丧气地归来。告诉柳宜，三位公子均榜上无名。一时间，柳宜怔住了，三变也怔住了。仿佛晴天霹雳一般，在三变的心中狠狠重击了一拳。

他还是不敢相信，便顾自下车去看。一遍遍，从右及左，录取的三十二名进士之中，当真没有他柳三变的名字。质疑，而后沉默。他不紧不慢地从榜前走开，没有回到马车上。因为他暂时还不能面对父亲同样低沉的面容。同时，对瑶姬的为他所做的所有牺牲，他的心中感到无比愧疚。

很多时候，失败比成功更加使人清醒。只有体验过失败的人，才能真正理解，人生之路漫漫，众生修行皆苦的道理。

宋真宗大中祥符二年，三变的第一次应试，落第了。希望有多大，失望便有多大。他失意的不只是这次科举失败带来的沉重打击，还有他那零落尘泥的骄傲。

千百年来，面对科举失败，有人悲观失望，有人怅惘哀叹，还有人淡然豁达，一次次重拾信心，在逆境中越挫越勇。

“转蓬方不定，落羽自惊弦。山水一为别，欢娱复几年。”得知科举落第，陈子昂将自己比作漂泊在山水之间的蓬草，孤苦无依，不知归处。“一夕九起嗟，梦短不到家。两度长安陌，空将泪见花。”唐朝大诗人孟郊在经历两次科举失败后，彻夜难眠，一夜之间从睡梦中含泪醒来八九次。面对落第，他自责、惭愧，又不安。

当然，历史上也不乏有心中通透的文人。面对落第，虽有感伤，但从未放弃自己。“几年辛苦与君同，得丧悲欢尽是空。犹喜故人先折桂，自怜羁客尚飘蓬。”他就是花间派鼻祖温庭筠。

有人说，上帝在给你关上一扇门的时候，同时会给你打开一扇窗。诚如是，上天在三变的科举之路上布满荆棘，但也正是因为如此，令他在俗世里遍尝百味，饱经风霜，终成了一代词宗。

科举之路，不是只有一次机会。只要有足够的时间和耐心，一切皆可以重新来过。三变从来都是一个经得起失败的人。这一次，三变榜上无名，虽然很落寞，但这让他更加清晰地认识了自己。一个多情的词人想要成为造福一方百姓的清官，还有许多路要走。

为了最初的理想，为了家族的荣耀。他清楚地知道，不能轻易放弃。毕竟在那个众星捧月的年代里，读书是文人唯一的出路。

韶光易逝，所有的往事都是人生的一种磨炼，所有的经历未尝不是命运的一种馈赠。三变再一次选择了重新出发。他告诉自己，既然选择了科举之路，便要一往无前地走下去。

只是他终究只是一个悲伤的词人。他的骨子里有着一种与生俱来的傲气。这股傲气一方面成就了他那婉约清丽、盛极一时的词章，另一方面又限制了他的眼界，总是写不出磅礴大气的策论来。

明知浮世如春雪，奈向蹉跎岁月迁。宋真宗大中祥符八年，三变第二次参加科举应试。结果依旧，临轩放榜那天，他的名字跌至孙山。这一次，他没有过多地悲伤，而是全心投入到万卷经书之中，为三年之后的应试做准备。

“逝者如斯夫，不舍昼夜。”在历史的长河里，时光一直向前流淌，从未等过任何人。但这世间，总是有许多人，为了一个梦想，一个人，抑或只是简单的一句话，就执着到底。即使受尽磨难，容颜老去，也不肯停下脚步。从前瑶姬是如此，如今三变亦是如此。

宋真宗天禧二年，柳三变第三次应考。距离他第一次参加科举考试，已过去十一年。十一年，他的激情早已被岁月的风霜消磨殆尽，支撑他走到现在的，不过是一个文人的执念罢了。

这十多年里，他一边寒窗苦读，准备科举考试，一边流连坊间，为教坊和青楼女子填词谋生。罗烨《醉翁谈录》中有云："耆卿居京华，暇日遍游妓馆。所至，妓者爱其有词名，能移宫换羽，一经品题，声价十倍，妓者多以金物资给之。"他的才气，早已名扬四方，甚至传到了皇宫大内的那位宋真宗的耳里。

这一次，黄金榜上，原本应有三变的名字。无奈真宗治下，崇尚儒雅之士，务本理道之才，对浮艳轻薄的柳词尤为排斥。看到主考官递来的进士名单里有柳三变，真宗没有丝毫犹豫，直接将三变的名字划去了。

这是多么可笑可惜，又是多么可悲可憎的一件事。但是毋庸置疑的是，在封建社会里，皇权高于一切。任何人，都是皇帝的子民。任何事，不论公平与否，也只是皇帝一句话的事

十年努力，一朝被否。三变是那样一个高傲的人，年过而立，却落得这般境地。他无奈，他愤怒。终于，他将三十多年的积怨与愤懑都凝聚在一首《鹤冲天》里。

黄金榜上。偶失龙头望。明代暂遗贤，如何向。未遂风云便，争不恣狂荡。何须论得丧。才子词人，自是白衣卿相。

烟花巷陌，依约丹青屏障。幸有意中人，堪寻访。且恁偎红倚翠，风流事，平生畅。青春都一饷。忍把浮名，换了浅斟低唱。

时人总是如此，一边惊叹于三变的词工，一边又郑重其事地批评他的词太过低俗、太过露骨。甚至有些正经文人说三变的词是"妇人之语"。可讽刺的是，他们还是会来这勾栏瓦舍

之中，听着用三变之词谱成的新曲。

对于这些声音，这些年三变听得太多了，早已不在意。因为他知道，井水之处都在歌唱他作的词曲，心中自是没有芥蒂。这些年，他在意的从来不是他的词名，而是那遥不可及的功名。

十一年前，他是那个信誓旦旦的少年，十一年后，尽管几经失败，他的执念也只增不减。面对科举考试，他曾立下“定然魁甲登高第”的誓言。三次落第之后，他也只是说自己是“偶失龙头望”。是愤怒，是不屑，也是一种潇洒。他始终觉得，他没有辜负自己的理想，没有辜负国家，没有辜负这个时代。是这个时代没有选择他。

他最无奈的，不是自己没有经天纬地的才华，而是学富五车，满腹经纶，却没有施展的机会。他痛恨，他的仕途就这么被天子生生阻断。他愤怒，那个身居高位的人，还未谋面就直接否定了他。于真宗而言，只是轻飘飘的一句话。但于三变而言，却是一生的遗憾。

“未遂风云便，争不恣狂荡。何须论得丧。才子词人，自是白衣卿相。”这条路，他走得太辛苦，太被动了。前路一片漆黑，如今的他早已没有了继续向前的力气。

他在想，既然失去了机遇，何不像靖节先生一样“采菊东篱下，悠然见南山”呢？在山水之间，随心所欲地游玩，不必为世俗的功名利禄烦忧。或是，就在这繁华的汴京城里，为歌姬填词谱曲，做一个潇洒肆意的风流才子，亦可成就另一种悠然快哉的人生。即使身着白衣，每日填词作曲，流连于汴京城的温柔乡里，也不亚于公卿将相。

萧伯纳曾说过：“人生中有两大悲剧，一是得不到想得到的东西，一是得到了想得到的东西。”诚如白落梅说的：“漫漫人生，风景无限，或浓或淡，或深或浅，或喜或悲，幸福永远在路上。”

“忍把浮名，换了浅斟低唱。”百花丛中，他是那个才华横溢，风流倜傥的柳七郎。汴京城里，他是那个恃才不羁，屡试不第的落寞词人。但他始终没有放弃自己，他只是换了种自己更加喜欢的生活方式。人生太短，功名利禄终究是身外之物，还不如手中这浅浅的一杯酒和耳畔间低徊婉转的歌声来得实在。

一首《鹤冲天》，将他多年的辛酸和愤懑之情抒发得淋漓尽致。“花开堪折直须折，莫待无花空折枝。”他想要告诉世人，青春易逝，应当及时行乐。切不可为了浮名趋之若鹜，迷失自我。

手中一杯酒，身边有佳人，浅斟低唱，不负韶华，就很好。

奉旨填词柳三变

自春来，惨绿愁红，芳心是事可可。日上花梢，莺穿柳带，犹压香衾卧。暖酥消，腻云亸。终日厌厌倦梳裹。无那。恨薄情一去，音书无个。

早知恁么。悔当初，不把雕鞍锁。向鸡窗，只与蛮笺象管，拘束教吟课。镇相随，莫抛躲。针线闲拈伴伊坐。和我。免使年少，光阴虚过。

——《定风波》

佛家说，这世间所有相，皆是虚妄，执念太深的人，总是不会有欢喜的结局。很多人未尝不知这个道理，却仍然不愿放弃内心的坚守。屡战屡败，屡败屡战，等到疲惫的那一天，为了心中的骄傲，他们还是不愿承认这样的结果。到那时，多数人会选择以一种不屑的处世态度去掩饰一颗伤痕累累的心。

一个人越是在意的地方，就是最令他自卑的地方。正如法国启蒙思想家狄德罗说的一样：“人类既强大又虚弱，既卑琐又崇高，既能洞察入微又常常视而不见。”确是如此，人性是这世间最难以捉摸的东西，总是在坚定的时候柔软，在脆弱的时候顽强。

及第实难，一路走来，三变实在走得太艰辛了。在追梦的路上，他一次次跌倒，又一次次爬起，结果却还是不尽如人意。一颗原本炽热的心在残酷现实的消磨之下，早已变得冰凉。

“忍把浮名，换了浅斟低唱。”放弃一直以来想要追求的，总是艰难的。是多么大的勇气，才让三变“忍”下决心，改变自己的人生方向。是有多失望，他才会写出这首傲骨嶙嶙，目空一切的《鹤冲天》。

他不曾后悔自己的选择，如今也只想以一首词，与梦想好好地告别。他厌倦了这样没有定数的生活。在被真宗从黄金榜上除名之后，他更是看不到科举的路上有一丝的光明。

回想起十几年的寒窗苦读，十几年的书海沉沦，十几年的大好时光，在一夕之间全盘被否，三变是何等无奈。他心中仅存的一点执念，也都化作阵阵落花，被那寂寞的时光湮没。

很多人从这首《鹤冲天》里只看到三变对功名利禄的不屑一顾，却不知这首词的背后，暗藏了三变多少悲苦辛酸，难以言说的往事。远游的孤寂，瑶姬的去世，科举的落第。这一件件，一桩桩，都是他心中难以治愈的伤口。

尘世混沌，纷杂无章。那个久经世事，深陷红尘的人，如今想要醒来。他想要逃离，以至于没有给自己留条后路。然而双脚还在那条求仕河流中，他又怎能够全身而退。

此后许多年里，这首《鹤冲天》像一把沉重的枷锁，将他阻挡在仕宦一流的门外。

宋仁宗时期，曾有大臣欣赏三变的才能，向皇帝举荐他为官。仁宗却说："浅斟低唱，何要浮名？得非填词柳三变乎，且去填词。"沉浮人世多年，三变始终不得志。

尤其是柳宜夫妇相继去世后，三变日日纵情于青楼之间，欣赏歌舞，消磨时光。兴致来时，便为心仪的歌姬填一首词。他常常自嘲是"奉旨填词柳三变"。

世人只知道他屡试不第后，意志消沉，为了逃避现实，终日沉迷于酒池肉林中，温柔消遣，寻找安慰。却不知道，三变只有运用这一身才华，在青楼为名妓填词，获得酬金，才能在这汴京城里生存下去。

自春来，惨绿愁红，芳心是事可可。日上花梢，莺穿柳带，犹压香衾卧。暖酥消，腻云亸。终日厌厌倦梳裹。无那。恨薄情一去，音书无个。

早知恁么。悔当初，不把雕鞍锁。向鸡窗，只与蛮笺象管，拘束教吟课。镇相随，莫抛躲。针线闲拈伴伊坐。和我。免使年少，光阴虚过。

女子伤春，男子悲秋，仿佛是诗词里的普遍存在。春日归去，不免遇到许多花谢水流红的场面。有心的女子总会愁肠千结，譬如黛玉。秋光老尽，荒凉凄清的景象横扫世间，气吞山河之余，难免会触动许多失意男子的心弦，譬如三变。

花开花落皆有时，不过司空见惯的四时之景。只是很多人未曾参透其间规律，总是以主观感受审时度势，才会在心中酝酿出无尽的忧愁。诚如柳三变，不论眼前是怎样的美景，他的眼中总能看见忧愁。终其一生，在这万千世界里，他都在扮演着一个惆怅的词客。

文人的心思着实古怪，总是不甘寂寞又追求寂寞。抑或是孤独，总能让人们更加清醒。夜深人静之时，他时常独坐窗前，对月独饮。许是心中生出了几分悔意，三变才会盯着一屋的书卷发呆。他在想，当时为了一时意气，怒作一曲《鹤冲天》是否值得。

然而他是高傲的，一直以来都是。或许有后悔，却绝不会妥协。这是他与生俱来的傲骨，但是在这太平盛世里，亦是他获取锦绣前程的绊脚石。他不愿直言心中的悔意，不肯改变自己高傲的姿态，只是将心中的苦闷寄托在一名愁苦女子的伤春之心里，后人也只能隐隐看到些许他暗藏其中的懊悔情绪罢了。

“自春来，惨绿愁红，芳心是事可可。”人在凄迷之时，看到的景物也难免悲凉。冬去春来，万物逐渐从一片沉寂中苏醒过来。可深闺中的女子即使看到生机勃勃的绿叶红花，竟还是愁容满面。一寸芳心在这春日里愈加显得百无聊赖。只因身边没有那个一起共赏美景，同醉乐事的归人，

太阳已经升到了树梢，黄莺开始在柳条间穿飞鸣叫，她还

拥着锦被没有起来。她不愿醒来，因为只有在梦里，她才能看见那个远游在外的夫君，才能获得些许安慰。可是每每到了梦醒时分，一切成空，又只会徒增忧愁。

“暖酥消，腻云亸。终日厌厌倦梳裹。”丈夫离家在外，还不知道何时是归期。风住尘香花已尽，物是人非事事休。女子坐在铜镜前，一想到那个薄情郎，连梳妆打扮的心情也没有了。她只想快些焚尽时光，快些行至故人归来的那天，遇见她心里真正的春天。

在原地等待的人，往往要比背井离乡的那个人痛苦百倍。“早知恁么。悔当初，不把雕鞍锁。”深闺寂寞，等待的日子太过漫长。女子曾想，若是当初将他宝马上的雕鞍锁住，不让他离开，如今也不至于整日虚度青春，苦苦等待了。

不论是过去，还是现在，以及在不远的将来，这世上总会有许多伤春悲秋的故事重复上演，其间的心境并不会有什么不同。“抽刀断水水更流，举杯消愁愁更愁。”所谓的伤春悲秋，说到底，不过是在旧愁之上更添新愁罢了。

这世间事，虽错综复杂，飘飘乎难以琢磨。但许多时候，不论是一花一木，还是一山一水，抑或人与人之间总有着一些说不清道不明的共通之处，佛家称这个为缘分。

女子惜春，对当初没有留下夫君懊悔不已。然而面对这暮春之景，伤心后悔的又何止女子一人。殊不知，在这首《定风波》中，看得见的是女子触景怀人的忧愁苦闷，看不见的还是三变对科举落第的耿耿于怀和求仕无方的落寞之情。

“满目山河空念远，落花风雨更伤春。”繁华落尽，一片片，皆落在了那个词人的心间。独倚窗前，饮酒填词，三变那孤独的身影被月光拉得很长很长。他的目光总是时不时落在那一架书卷上，深邃而迷离，像一片汪洋大海，又似夜空里的璀璨星辰，凝聚着许多难以忘怀的经年往事。

名属教坊柳七郎

禁漏花深，绣工日永，蕙风布暖。变韶景，都门十二，元宵三五，银蟾光满。连云复道凌飞观。耸皇居丽，嘉气瑞烟葱蒨。翠华宵幸，是处层城阆苑。

龙凤烛，交光星汉。对咫尺鳌山，开羽扇。会乐府，两籍神仙，梨园四部弦管。向晓色，都人未散。盈万井，山呼鳌抃。愿岁岁，天仗里，常瞻凤辇。

——《倾杯乐》

青涩的往事早已在老去的年华里渐渐泛黄。随着年华的消逝，故事的丰富，那些年少时留下的伤痕，终是可以被时光淡化。

宋仁宗时期，政治更加清明。在这海晏河清的太平盛世里，在这繁华热闹的都城里，一颗沉寂多年的求仕之心正逐渐苏醒过来。那个不甘落寞，被阻挡在官宦之流门外的多情词人，被这个时代再一次点燃了斗志，在求仕之路的边缘，跃跃欲试。

有句话说得好："只要自己不放弃自己，那么任何人都没有权利放弃你。”柳三变，这个壮志未酬的举子，在历经三次科举落第之后，虽有过绝望，虽有过愤懑，却不曾将心中的梦想真正放下过。

他还是最初的那个柳三变，但凡看到一点希望，便要为之执着到底。这些年，为了展示自己的才华，他多次主动请缨为教坊填词，希望自己的才名能传到在位的仁宗皇帝的耳朵里。只要能博得天子的些许好感，于三变来说，便是难得的机遇。

他已不是最初的那个柳三变。这些年，无情的岁月像一把利剑，削去了他俊美的容颜。他的心境，在这红尘俗世的浸染之下，也早已不够澄澈。他的棱角，在人生的风风雨雨的打磨之下，也逐渐变得圆润许多。

他能看见，许多个日子就这样悄悄地从身边流过，身边的好友一个个头戴乌纱，容光焕发。只有他，年过而立，还依然是那个碌碌无成的“白衣卿相”。无奈，无力。他不确定会在未来的哪一天与光阴告别，却是知道，现在的他已经不起等待。

越是处于繁盛热闹的年代，他越是落寞伤感。三变虽然明白，不是所有的河流都能到达大海，不是所有的梦想都能如愿以偿。但是去日苦多，在这漫漫人生路上，奔走的日子已然很长，三变不知，何时他才能寻找自己的人生驿站。

他时常哀叹自己空余一身才华，却无施展之地。一边痛恨科举应试体制古老刻板，一成不变，一边又极力想要通过进士选拔证明自己的实力。无奈北宋时期冗官太多，这几年都未曾开科。

等待的时光里，是一季又一季的更迭，是一首又一首的新词，是一个又一个的佳人。三变，时而清晰，时而迷离，时而斗志昂扬，时而愁绪万千。

早春二月，春寒料峭，年味儿日渐淡去。接踵而至的便是热闹喜庆的元宵佳节。

正月是农历的元月，古人称夜为“宵”，加上正月十五是一年之中第一个月圆之夜，所以称正月十五为元宵节，又称上元节，元夕。汉魏之后，元宵节逐渐成为人们为之庆祝的盛大节日。在这天晚上，人们进行赏花灯、吃汤圆、猜灯谜、放烟花等一系列的民俗活动，以延续新春的欢乐，为新的一年祈福。

古代有很多诗人词人描写过元宵佳节的盛况。“月上柳梢头，人约黄昏后。”元宵佳节，大诗人欧阳修邂逅了一场如梦似幻的初恋，纯真而美好。“青春何处风光好？帝里偏爱元夕。”多年以后，他再次回到京都，回味记忆中的美好画面，才发现，所有的时光都不如这年元夕值得让人细细品味。

“谁家见月能闲坐，何处闻灯不看来。”在崔液的诗中，上元之夜，银河清澈，北斗参差。元宵是一副千家万户团团圆圆，聚在一起赏灯望月的温馨画面。

“箫鼓喧，人影参差，满路飘香麝。”独自行走在喧嚣热闹的街道上，感受着元宵节这天的繁华喜庆。在周邦彦的眼里，火树银花是元夕，吹星如雨是元夕，烟火迷离仍是元夕。

初春时节，草木萌发。在这个流光溢彩，满地清辉的夜晚，文人骚客们总会滋生出无尽的诗意词情。或赞盛世，或歌时代，或颂君主，或赏佳节。三变也不例外。

宋仁宗庆历三年元宵之夜，汴京城灯火煌煌，一片祥和。为了彰显天下承平，仁宗皇帝在这天夜里走出宫门，为民祈福，与民同乐。如此盛事，三变亦不会放弃这次在仁宗面前崭露头角的大好机会。

禁漏花深，绣工日永，蕙风布暖。变韶景、都门十二，元宵三五，银蟾光满。连云复道凌飞观。耸皇居丽，嘉气瑞烟葱蒨。翠华宵幸，是处层城阆苑。

龙凤烛，交光星汉。对咫尺鳌山，开羽扇。会乐府，两籍神仙，梨园四部弦管。向晓色，都人未散。盈万井，山呼鳌抃。愿岁岁，天仗里，常瞻凤辇。

皇宫深处，禁漏里的金沙不停地滴落，御花园里的花草也逐渐有了高度。早春二月的阳光温和暖人，照耀在人间，不断在大地上绣出各种图画，各种梦想。

天上冰清月正亮，人间烟火花正浓。满地清辉轻和着万家烟火，勾勒出一幅意境恢宏，磅礴大气的佳节盛景。这年元宵，皇帝圣驾出宫，汴京城里异常地热闹繁华。

龙凤烛发出的光亮和天空的星光、月光交相辉映。高耸的鳌山旁，舞者手执羽扇，翩翩起舞，两籍乐府及梨园子弟与观灯的百姓一起狂欢。

“愿岁岁，天仗里，常瞻凤辇。”人声鼎沸，箫鼓喧天。

直到天已破晓，人们都还没有散去。仁宗圣驾回宫，街道旁的人们向天子高呼万岁，希望年年见到皇帝的仪仗，目睹天子的风采。

在一个上升的时代，人民生活确实更加的朝气蓬勃，子民们会自发地高歌盛世。三变如是，百姓亦如是。登高凭栏，这天夜里，他站在城内的高楼之上，眺望着那于九天之上，俯视着人间盛世的明月，越升越高。作为一个词人，观此情景，他能做的便是用理想和梦幻，编织着流芳百世的词章。

千百年来，头顶的那一轮明月，几度圆缺，皎洁生辉。它从未过问时代的变迁，朝堂的更迭。不论是战火连天，还是太平盛世，它的心中自有计较。

第四章 把酒听歌寻花柳

黄金榜上，屡屡无名，他是一个失意的举子。烟花巷陌，恁偎红翠，他是一个风流的词客。流落京华多年，三变将自己放逐在风月场上，填词对饮，赢得一个个风尘女子的芳心；吹箫抚琴，邂逅一场场绚烂缤纷的花事。

轻弃韶光为楚楚

繁红嫩翠。艳阳景，妆点神州明媚。是处楼台，朱门院落，弦管新声腾沸。恣游人，无限驰骤，娇马车如水。竞寻芳选胜，归来向晚，起通衢近远，香尘细细。

太平世。少年时，忍把韶光轻弃。况有红妆，楚腰越艳，一笑千金何啻。向尊前，舞袖飘雪，歌响行云止。愿长绳，且把飞乌系。任好从容痛饮，谁能惜醉。

——《长寿乐》

历史如镜，折射出一个个朝代的剪影，或繁华，或凋敝。但有一个地方，从来不会衰落，那便是有着秦楼楚馆之称的青楼。

青楼，自古以来一直是胭脂红粉的代名词。这里，承载了一个个风尘女子的血泪身世，也往往是许多纨绔子弟纵情欢乐的消遣之所，还是许多伤感文人逃离世事的上佳之地。在这里，可以抛散浮名，摒弃尘世的热闹繁华。在这里，没有落魄子弟，只有红粉佳人，没有功名利禄，只有莺歌燕舞。

在古代，几乎没有一个朝代的开放程度可以与宋朝比肩。从寂寞悠长的江南古巷到喧嚣一片的京都之地，举国上下皆有勾栏瓦肆，青楼画阁。

据孟元老的《东京梦华录》记载：“凡京师酒店，门首皆缚彩楼，欢门。唯任店入其门。一直主廊约百余步，南北天井两廊皆小阁子。向晚灯烛荧煌，上下相照，浓妆妓女数百，聚于主廊槏面上，以待酒客呼唤。望之宛若神仙。”可见北宋时青楼的繁华程度。

遍览宋词，描写烟花风尘，歌颂才子美人的词句千千万万，而其中一大半都要归功于柳三变。只因对于一个伤感的举子来说，歌女配词曲，恰好可以拯救他那痛苦薄弱的灵魂。

人生的路，艰难曲折，但也并不是无路可走。有时候，一条路走不通，便可换条路走，许就能遇见一番柳暗花明的景象。所谓此路不通彼路通，便是这个道理。三变虽然在仕途上屡屡失意，但是在风月场上却是一个受尽仰慕与崇拜的旷世才子。

时下的青楼瓦肆之中，有一曲盛行的民谣，就是说三变在青楼女子心中的地位的。“不愿君王召，愿得柳七叫；不愿千黄金，愿得柳七心；不愿神仙见，愿得柳七面。”柳七便是三变，那个常年混迹于烟花之地，为名妓填词的忧愁词客。

对于一个心里有伤口的寂寞文人来说，但凡遇见了那个稍可抚慰心中孤苦的人，便不会轻易放手。而对于一个常年身居青楼，依靠卖艺卖身求生的风尘女子来说，从来不会有人会去过问她们的飘零身世。若是有，也只会是像柳三变一样的浪漫才子。

第一次科举落第后，三变便开始流连在汴京城的青楼画阁里。尽管三变没有在官场上获得一个可以遮风挡雨的巢穴，但在秦楼楚巷里，却可获得片刻的宁静安然。在这里，他与一群志趣相投的落第举子们把酒听歌，遍寻坊曲。在这期间，也遇到了几个体贴入微，知情达意的红粉知己，触动了他内心的诗情与浪漫。

如果说爱情是一场豪赌的话，那么他愿意以文字为媒，以笔墨为介，为他倾慕的女子填上一首首奋不顾身的词曲，让她们在他的笔下绽放，在他的心中荡漾。

繁红嫩翠。艳阳景，妆点神州明媚。是处楼台，朱门院落，弦管新声腾沸。恣游人，无限驰骤，娇马车如水。竞寻芳选胜，归来向晚，起通衢近远，香尘细细。

太平世。少年时，忍把韶光轻弃。况有红妆，楚腰越艳，一笑千金何啻。向尊前，舞袖飘雪，歌响行云止。愿长绳，且把飞乌系。任好从容痛饮，谁能惜醉。

杨柳堤下，清凉湖畔，随处可见的是千红万绿的春天，是明媚无限的北宋都城。“恣游人，无限驰骤，娇马车如水。”在这个放逐思想的朝代，在这个享乐开放的汴京城里，游人如织，策马疾驰，车如流水马如龙。繁华绮丽，莫不如是。

清明踏青，是北宋时期的一个非常热闹的民俗。《东京梦华录》有载："京师以冬至后一百五日为大寒食，寒食第三日即清明节矣。四野如市，往往就芳树之下，或园囿之间，罗列杯盘，互相劝愁，都城之歌儿舞女，遍满园亭，抵暮而归。"

"竞寻芳选胜，归来向晚，起通衢近远，香尘细细。"趁着春光正盛，花红柳绿的时候，人们竞相出城寻游美景名胜。游玩归来时，已是傍晚，汴京城纵横交错的道路上，均是如云的美女步履偏浅而带起轻微的芳香之尘。

夜幕降临，华灯初上，在那金碧辉煌的亭台楼阁里，在那门高院深的罗绮朱户里，传出一阵阵新颖美妙的乐声。那里，便是柳三变和楚楚相遇的地方。

彼时，三变是那个寂寞的落第才子，楚楚是那个曼妙的风尘女子。

他应文友之邀来到青楼里痛快畅饮，听歌赏舞。而她便是席间的那个歌女，她的歌声时而低沉悲伤，时而高亢激昂，紧紧地抓住了坐上那位风流才子的心。

"向尊前，舞袖飘雪，歌响行云止。"他盯住她，眼神不曾有丝毫地转移，看着她那曼妙的舞姿，如同《洛神赋》中描写的一般，"仿佛兮若轻云之蔽月，飘飘兮若流风之回雪。"听着她那动人的歌喉，悠扬婉转，响彻行云，像是高岗上梧桐树间，凤凰的鸣叫。如泣如诉，哀感顽绝。

"太平世。少年时，忍把韶光轻弃。"生活在这样一个海晏河澄的太平盛世里，既是可以安心地行走在汴京城内的勾栏瓦肆里，寻花问柳，饮酒填词，谁又忍心抛却这般美丽曼妙的时光呢？

“况有红妆，楚腰越艳，一笑千金何啻。”纵然是千金也不能买到楚楚的回眸一笑。有这样知心的人在身旁陪伴，若还不好好珍惜当下的好时光，便是辜负了这个繁华安定的时代。

在三变眼里，楚楚是枕边香，更是一朵解语花。她能读懂“忍把浮名，换了浅斟低唱”背后的无奈与伤感，也理解“才子词人，自是白衣卿相”的高傲与洒脱。在楚楚眼中，三变是风流客，更是一个多情郎。他能看懂飘雪般的舞姿之下，有一颗伤痕累累的真心，也能听懂行云般的歌声里，倾诉的其实是一个青楼女子孤苦的一生。

三变和楚楚，一个意难平，一个苦难诉。他们的遇见，是一种缘分，亦是上天对这两个寂寞的人的恩赐。在寂寞的寒夜里，他们可以彼此安慰，互相取暖。

不求长久，但求心安。曾经那个不可一世的少年，终于不再执拗地认为自己就是世界的中心，也不再逞强要去完成什么远大的理想，而是逐渐去接受一个不完美的人生。在这个清平的时代里，一个起舞，一个填词，即是人生莫大的乐趣。

一场寂寞凭谁诉

洞房记得初相遇。便只合，长相聚。何期小会幽欢，变作离情别绪。况值阑珊春色暮，对满目，乱花狂絮。直恐好风光，尽随伊归去。

一场寂寞凭谁诉。算前言，总轻负。早知恁地难拚，悔不当时留住。其奈风流端正外，更别有，系人心处。一日不思量，也攒眉千度。

——《昼夜乐》

花开有时，花落无声，没有什么可以阻止这场命定的轮回。爱情亦是如此，来的时候风雨无阻，去的时候无法挽留。

自从瑶姬去世之后，许是太寂寞，许是怕受伤，三变再也无法专心去爱一个人。活得越久，他越明白，在这个繁华又凄凉的汴京城里，有些情感就像年少的时光，会逐渐远去。只有当下才真正把握在自己的手中。今朝有酒今朝醉，明日愁来明日愁。只有珍惜当下，及时行乐，才算不负杯中美酒，笔下诗词，以及身旁美人。

有人说，生命的意义在于生生不息，爱情的意义在于忠贞不渝。这两者，三变都曾极力地争取过，只是科举之路多艰，一遍遍的重新来过，却始终换不来一个如意的结果。爱情之路多难，那个曾经说好要与他白头偕老，执手一生的发妻，还未伴他行走几程山水，便已香消玉殒，不知何处。

世人只知道，在青楼瓦舍里，他是那个随口占诗的风流才子。却没有人知道，漫漫长夜里，他的眼泪也曾滴落在柔软的宣纸上，尽成词章。

楚楚之后，在烟花之地，他又邂逅了一个如花女子，芳名玉英。这段爱情，在三变的生活里，是短暂而美好，但在玉英心里，却成了终身无法治愈的伤痛。

这世间本无命定的姻缘，又何况是在这风花雪月的青楼之中。在这里，男女之间的情感，无外乎身体和灵魂。而后者，往往又是可遇而不可求的。

三变是个词人，三十几年里，仿佛也只有这个称谓是光鲜的。即是词人，便总有一种文人的傲气，即使是在青楼中寻找伴侣也不例外。只有读得懂他的诗词的姑娘，他才会另眼相待。

“多情自古伤离别，更那堪，冷落清秋节！今宵酒醒何处？杨柳岸，晓风残月。此去经年，应是良辰美景虚设。便纵有千种风情，更与何人说？”玉英问他，这首《雨霖铃》是不是写给那个故去多年的妻子的，她应该是个温婉动人的姑娘吧。

那是他很久以前的词句了，是放在他心中沉寂多年的故事，是他不愿意再提起的往事。如今却被眼前这个风尘女子，轻飘飘地问起，就好像她能看穿他内心深处的悲伤一样。

眼前这个女子让他想起了曾经那个端庄贤惠，柔情似水的妻子。记忆里的瑶姬，永远只有十六七岁，还是那个为他红袖添香，伴他赏尽四时美景的佳人。

三变惊讶于玉英的洞察之心，便将他和瑶姬的往事一一告诉她。沉疴难愈，却可以在玉英这里得到抚慰。心情沉重，只有在玉英身旁，他才可以得到片刻欢愉。

倾诉，不失为缓解心情的一种方式。那段时间，他们时常在一起，谈及彼此的往事，但更多时候，玉英都是一个倾听者。她钦羡于三变的才华，也未曾想到，原来那个纵情风月之地的柳七郎，曾经也是那样一个痴情的人。

她爱上了他，她想变成瑶姬陪在他身边，走完余生的路。可她却忘了，风尘里，从来就没有占有。一念起，一念灭。一场卑微的爱情，注定是没有结果的。

洞房记得初相遇。便只合，长相聚。何期小会幽欢，变作离情别绪。况值阑珊春色暮，对满目，乱花狂絮。直恐好风光，尽随伊归去。

一场寂寞凭谁诉。算前言，总轻负。早知恁地难拚，悔不当时留住。其奈风流端正外，更别有，系人心处。一日不思量，也攒眉千度。

某种程度上，爱情就好似一场赌博，赌注便是一生的时光。在这场豪赌中取胜的人，便能获得终生的幸福，而输的那些人，便只有道道伤痕留存于心。即使愈合了，也还是会有不可消除的伤疤。

在爱情里，总有一些沉浸其中，如痴如醉。纵算知道是一场无果的爱情，却还是压上了自己的全部赌注。总以为那个转身离开的人，有一天会回头。

玉英是这样的人，曾经的三变又何尝不是。越是经历过的人，心越坚定。没有谁比他更加清楚地知道，瑶姬再也不会回来，科举求第的路上也是茫茫一片黑暗。

“洞房记得初相遇。便只合，长相聚。”玉英回忆起与三变初次相遇时的洞房情景，那时候便想着要与他永远在一起。他们也确实共度了一段如莲般美好的光阴，把酒言欢，无话不说。两个人如胶似漆，少有分别。

人们说，当爱情走到尽头的时候，留在原地的那个人需要做的，不是去挽留，而是拍拍身上的灰尘，莞尔一笑，掬一缕清风，为他送行。

三变生性是一个热爱自由的人，不喜被拘束。面对玉英的占有，他选择了默默离去，就像瑶姬一样，没有回头。

“况值阑珊春色暮，对满目，乱花狂絮。直恐好风光，尽随伊归去。”三变走后，玉英才发现，原来这春天竟一夜间走到了尽头。杨花飘散，春光老尽。于玉英而言，三变的离开，带走的不仅仅是这大好的春光，更是她那炽热的一颗真心。

玉英在想，假若初见时的一切都没有走样，假若三变还在身旁，这个春天会是怎样的明媚。

“一场寂寞凭谁诉。”曲终人散，人走茶凉。这场短暂的情爱，终归于寂寞。就在三变离开的那天，玉英的心早已跟随他，去往天涯。从此，在这青楼里，她只剩下一具冰冷的躯壳。

“算前言，总轻负。”既是后会无期，当初又何必轻易许下地老天荒的诺言。在一段爱情里，有时候誓言比谎言还有残酷。情深不寿，那个原地等待的人，在寂寞的时光里，渐渐零落。

“一日不思量，也攒眉千度。”玉英始终没有将这场分离当作爱情的结局，而是选择在爱情的渡口静静等候。愁眉紧锁，思量万千，每天都在为那个迟迟不归的人，寻找一个合适的理由。

相爱容易相守难。三变想要相守一生的人，早已乘云西去，不复归来。即使遇见了她的影子，他也清楚地知晓这个事实。

不得不承认，在爱情里，有的人爱得轻松，有的人爱得苦涩。而那些看似轻松的人，在过去却也是遍尝苦涩的滋味。诚如是，我们便不必过分执着于对错，花开花落，缘聚缘散，自有定数。

莫道千金酬一笑

身材儿，早是妖娆。算风措，实难描。一个肌肤浑似玉，更都来，占了千娇。妍歌艳舞，莺惭巧舌，柳妒纤腰。自相逢，便觉韩娥价减，飞燕声消。

桃花零落，溪水潺湲，重寻仙径非遥。莫道千金酬一笑，便明珠，万斛须邀。檀郎幸有，凌云词赋，掷果风标。况当年，便好相携，凤楼深处吹箫。

——《合欢带》

汴京城，四季分明，繁华无限。这座历经七朝的古城，在漫漫历史长途中一路走来，既承载了皇家的威严，也承载了无数平凡人的梦想。许多人，跋山涉水，历经千辛万苦，只为一览这座皇城脚下的古城，是何等的风光。

殊不知，这座高大雄伟的城墙又束缚了多少曾经是那样热烈的心。他们将自己关在这座金碧辉煌城里，肆意人生，潇洒度日。最初的梦想，早已随着逝去的时光，渐渐远去。

生活在这座车水马龙的京都，就如同行走在纷繁的俗世中，不会一直一帆风顺，也不会一直荆棘丛生。每个人的手心里，生来便刻画着命运的纹络，即使是在离开尘世时，结局也不会更改分毫。

寒来暑往，喧嚣落寞，是再平常不过的事。只是面对同样的光景和人事，有的人通透豁达，坦然接受这世间规律和自己的命运。然而有的人，深陷其中，日渐消沉，沉浸在过往的故事中不愿醒来。

柳三变，一个婉约多情的词客，一个曾经是那么傲气凛然的才子。在面对人生失意时，本也不该期待他会有多么的淡然。

失落的文人最是伤感，也最喜欢逃离。古往今来，那些看似豁达淡泊的诗句词章背后的文人，哪一个不是经历了或者正在经历一段失意的人生。要么是科举榜上，名落孙山；要么是官场黑暗，难以自居；要么战火纷飞，国破家亡。

只有历经千山万水，不堪痛苦悲伤的人，才会选择以各种方式逃离。可以是张炎的“一帘鸠外雨，几处闲田，隔水动春锄”的归根农田；可以是五柳先生“少无适俗韵，性本爱丘山”的归隐山林；亦可是柳三变“偎红倚翠，轻弃韶光”的风月生活。

三变认为唯一值得自己骄傲的，就是他笔下的一首首旧曲新词。他可以将所有的温情，所有的愁绪，所有的前尘往事，所有的喜怒哀乐都蕴藏在浓郁的笔墨下面。多年以后，悲伤还是悲伤，快乐还是快乐，澄澈分明。

身材儿，早是妖娆。算风措，实难描。一个肌肤浑似玉，更都来，占了千娇。妍歌艳舞，莺惭巧舌，柳妒纤腰。自相逢，便觉韩娥价减，飞燕声消。

桃花零落，溪水潺湲，重寻仙径非遥。莫道千金酬一笑，便明珠，万斛须邀。檀郎幸有，凌云词赋，掷果风标。况当年，便好相携，凤楼深处吹箫。

不是每一段爱情都有着美丽的结局，但所有的爱情都有着一个美丽的开始。青涩而浪漫，纯真且惊喜，就像是早春的桃花一般，欲开还羞，分外清香。

春秋时，楚国的鄂君子子晰访游越国，途中经过一条河。他乘坐在一条由越女打桨的竹排上。微风舒缓，衣袂飘飘，子晰立于船头，在这山水之间，站成了一幅画。

谦谦君子，温润如玉，越女深深沉醉在这幅绝世的画作里，竟忘了划动手中的木桨。偶然间，子晰回头看了她一眼。这个回眸，惊艳了岁月，也打破了画中的沉静。她如梦初醒，心里还泛着点点涟漪。

子晰是一国之君，越女却只是一个摆渡人。他们之间，隔着的不是眼前的这条河，而是万水千山。她知，即使想对子晰表达她的爱慕之情，也只是徒劳之举。但她还是选择做些什么，来吸引子晰的注意。

“今夕何夕兮，搴洲中流。今日何日兮，得与王子同舟。蒙羞被好兮，不訾诟耻。心几烦而不绝兮，得知王子。山有木兮木有枝，心悦君兮君不知。”即兴而歌，是最好的方式。她用越地语言，深情款款地唱出了这首名传后世的《越人歌》。

子晰虽然不懂越语，却被那欲要隐藏却尽处张扬的歌声所打动。能让子晰将歌声听进心中，于越女而言，便已足够。

爱情总是如此，可以热情似火，也可以平静如水，可以相守一生，也可以两两相忘。邂逅一段爱情，不用刻意约定时间和地点，因为故事里的缘分，早已在两个人擦肩而过的那一刻，隐隐萌动。

那是一场梨花如雪的相逢。酒意大发的柳三变满心期待地踏进京都城的红袖招，他是这里的常客。在这里，他是才华洋溢的柳七郎，也是一掷千金的风流客。青楼的姑娘们见三变进门，便蜂拥而上，争先恐后地想要出现在他的眼前，博得三变的青睐。

唯有她，远远地站在大堂的窗前，眼睛直盯着窗外汴京城的繁华夜市。若有所思，尽在三变眼里。

青楼的老鸨看出的三变的心思，便唤来她来为三变表演歌舞。身在青楼，亦是一种寄人篱下的生活。许多事，自己是做不得主的。

她名唤师师，这是她进青楼那天，老鸨赋予她的名姓。一进青楼无前世。不论此前经历的是怎样的人生，只要踏进了红袖招的门槛，前尘往事皆化作烟云一朝散尽。

“身材儿，早是妖娆。算风措，实难描。”那时的师师，二十出头，正值人生中最美好的年纪，身材出落得亭亭玉立。妩媚风流，美到极致，难画亦难诗，连三变都不知道该用什么样的语言来描述了。

“一个肌肤浑似玉，更都来，占了千娇。”她的肌肤就像一块雕琢得完美无瑕的美玉一般，再加上师师的绝世容颜，便更有万种风情。

席间，师师一边起舞，一边歌唱。歌声甜美，舞姿翩翩。三变看得如痴如醉，一颗心早已深陷在她的曼歌妙舞之中。

“妍歌艳舞，莺惭巧舌，柳妒纤腰。自相逢，便觉韩娥价减，飞燕声消。”师师不仅长得美艳动人，风流卓荦，而且能歌善舞，焕若仙子。情人眼里出西施，此刻，三变眼里也只有师师一人。他觉得纵算是巧舌如簧的黄莺鸟，在师师的歌声面前，也会自愧不如。纵算是河岸边袅娜娉婷的万丝垂柳，也会嫉妒她纤细柔软的腰肢。

韩娥善歌冠绝一时，飞燕掌舞独宠一国。然而在三变心里，她们与师师相比，也是相形见绌，价减声消。

曲终人不散，江上数峰青。歌舞之后，繁华消散，师师悄然退场。可坐下看客的一颗心，却还落在她的身上，未曾归来。

“桃花零落，溪水潺湲，重寻仙径非遥。”心有所望，夜晚也不会有多漫长，心有所盼，黎明便不会遥远。对待一份美好的爱情，三变需要的是一份不急不躁的等待。片片桃花飘落在潺潺的溪水上，随着春天的谢幕，悠然地远去。三变正在寻访师师住所的途中，她住的地方离红袖招并不遥远，但一路上蜂飞蝶舞，花香四溢，就如同人间仙境一般。此种景象，让三变的那一颗满心期待的心更加澎湃了。

“莫道千金酬一笑，便明珠，万斛须邀。”三变在想，别说是一掷千金买得师师一笑，就是花上万斛珍宝也一定要邀请到她。这里没有封建文人的矫情，也没有纨绔子弟的虚伪，有的尽是三变不惜一切代价，也要与师师相见的决心和真情。

“檀郎幸有，凌云词赋，掷果风标。”三变是自信的，也是有才华的。他相信，只要他捧上一颗真心，为她谱写数不尽的词章，一定会赢得她的青睐。他想好了，等到那一天，他要与师师携手同游，在绣楼深闺醉听她吹奏那玉笛凤箫，共度美好时光。

历史无眠，见证了许多缘聚萍散的故事，在时光里不断上演又落幕。但最美好的时刻，会定格在每个主角的心间，经过多少年，也不会消散。看，在那凤楼深处，一曲琴音和一阙清词，正低眉含笑，细语呢喃。

断肠最是金闺客

柳街灯市好花多。尽让美琼娥。万娇千媚，的的在层波。取次梳妆，自有天然态，爱浅画双蛾。

断肠最是金闺客，空怜爱。奈伊何。洞房咫尺，无计枉朝珂。有意怜才，每遇行云处，幸时恁相过。

——《西施》

“蒹葭苍苍，白露为霜，所谓伊人，在水一方。”《诗经》里的爱情故事，越过千年，浮现在我们眼前。在一个白露凝成霜花的深秋时节，诗人去往河边追寻思慕已久的伊人，可是见到的却只有茫茫的芦苇和一片久久未曾消散的大雾。诗人只知道，伊人就在河岸对面，但却怎么也无法靠近。

“上穷碧落下黄泉，两处茫茫皆不见。”诗人沿着河岸上下行走，想要进一步看清伊人的身影。但不论是逆流而上，还是顺流直下，都不曾清晰地看见她的身影。仿佛在河岸对面，又仿佛在河岸中央，令人无法接近。

在茂密的蒹葭丛里，伊人似见非见，时隐时现。可遇而不可求，这更加加深了诗人对伊人的爱慕之情。

诗人和伊人之间，隔着的看似是一条河的距离。但实则这条不远不近的河流，却是一条永远也跨越不了的鸿沟。它阻断了诗人寻找伊人的坦途。就像《西厢记》里，崔莺莺在普救寺中因母亲的拘系而不能与张生相爱，只能发出“隔花阴人远天涯近”的叹息一般，许多有着美丽开始的故事，都为世俗的樊笼拘束着，禁锢着，最后只能朝着悲伤的结局演化下去。

古希腊神话中有一则故事是说，坦塔罗斯王因自吹自擂犯下罪过而遭受惩罚。他必须永远承受饥饿和焦渴之苦。上帝罚他站在大湖中间，湖水深及他的下颔，湖岸长着果树，累累果实就悬在他的头顶。可是，当他口渴低头喝水时，湖水便退去；当他腹饥伸手摘果时，树枝便荡开。清泉佳果，他始终可望而不可即。

诚如是，这世上最令人感到痛苦的，不是彻彻底底的失败，而是在距离成功只有一步之遥时，却失败了。黄金榜上，三变被宋真宗除名进士，并不是他没有拼尽全力，而是天子的一句话，就将他的锦绣前程生生阻断。

三变总是以为他追求大半生的理想抛弃了他，只有纵身到勾栏瓦舍之中，才能寻到些许温暖。他是一个文人，其实在他的内心深处，未尝不明白，他之于青楼女子，即使情深，但终究也不过是她们生命里的匆匆过客。为她们填词作曲，不但可以满足自己的生计，亦可消遣许多寂寞的时光。

可他还是活得不够明白，短浅的目光令他在理想的破碎中日渐消沉，后来的岁月里，他甚至想把困居京华，流落青楼的这些时光，从记忆中消除。他大半生的理想，都是科举及第后，做一名好官。只是这个理想，在后世人眼里，不过是他人生的执念罢了。他真正为世人铭记的，却是他笔下的一首首词，一曲曲歌。它们在时光的淬炼之下，成金成玉。

他定不曾想到，他过去不屑的生活和词章，在千万年后，会被奉为圭臬，被世人学习和考究。当然，这不是他的过错，而是那个尊崇科举取士的封建时代的过错。

柳街灯市好花多。尽让美琼娥。万娇千媚，的的在层波。取次梳妆，自有天然态，爱浅画双蛾。

断肠最是金闺客，空怜爱。奈伊何。洞房咫尺，无计枉朝珂。有意怜才，每遇行云处，幸时恁相过。

又是一年元宵时，北宋的都城，繁华依旧，从未被时光惊扰。“正当辇毂之下，太平日久，人物繁阜。垂髫之童，但习鼓舞，斑白之老，不识干戈……”这要得益于宋太宗一改汉唐时的旧制，允许市民在皇城脚下，开设店铺。经济的发展使得这座城市，在历史的星河里，越来越闪耀。就连它的夜晚，都是异常繁盛的。汴京城的夜市，平日里要到三更时才会消散。

元宵之夜的繁华，便更不必说了。通宵达旦，连明连夜，在明亮皎洁的月光的照耀下，一座巍峨的城池，屹然不动，成为北宋时代的心脏。这一夜，画鼓喧街，兰灯满市，纵横交错的街道上，是安稳的岁月和清平的盛世。

“柳街灯市好花多。尽让美琼娥。”三变行走在热闹的街市上，走着走着，还是习惯性地来到了，自己整日流连的平康坊。他能清楚地听到，从坊间传来的阵阵歌声。透过这悠扬的歌声里，他仿佛看见往日那个容颜娇媚，体态轻盈的美娇娘琼娥。

琼娥是与三变交好的众多青楼女子中的一个。他们的相遇，是命运的注定，亦是他们的缘分。注定的是，总会有一个叫琼娥的女子，会不惊不扰地出现在三变的生命里。她容颜美丽，善解人意，还会温柔地抚慰他心中的伤口。一见钟情，是他们彼此的缘分。在恰当的时间，恰当的地点，伴随着恰当的心情相遇。没有早一步，也没有晚一步，他们相爱于繁盛的汴京城里。

三变看向平康坊里，却没有勇气再往前走一步。他知，琼娥正在坊里表演歌舞，也知道因为他的决然离去，她的歌声里多了几分怨怼和悲凉。

“万娇千媚，的的在层波。取次梳妆，自有天然态，爱浅画双蛾。”想起昔日里，他们一个奏乐舞曲，姿态迷人；一个波墨填词，潇洒肆意。琼娥天生丽质，每次和三变云雨之后都会重新梳妆。三变知道，她最爱的，是浅浅的双蛾眉。

一段时间里，琼娥给予三变温暖，三变报之以词章。风月正好，情深意浓。那时候的时光，何其美好。

当时只道是寻常，如今思来亦断肠。三变生活在汴京城数十载，从瑶姬到琼娥，他邂逅了一个个正当年的女子。在每一段爱情里，他都用深情的词句，予以回报。这些传世的诗词，或回忆，或称赞，皆是他们爱情的见证。

他是深情的，不然也不会写出“系我一生心，负你千行泪”的深深愧疚，也不敢许下“今生断不孤鸾被”的坚定诺言。“断肠最是金闺客，空怜爱。奈伊何。”有多深情，就有多滥情。面对琼娥的依依不舍，他还是选择了离开，再一次成了负心人。

不知道是什么缘故，让他选择离她而去。但我们可以从这首《西施》中窥探到，他是伤心的。当初在爱情里，他轻易地对琼娥许下诺言，说要带她逃离樊笼，陪她一起看日月山川，共赏良辰美景。现如今，又为诺言不能实现而感到心痛和无奈。

“多情只有春庭月，犹为离人照落花。”元宵佳节，本是团圆的日子，三变却在平康坊的街头站了许久。月色愈加清冷，冷光愈加昏暗，琼娥立于窗前，看见那个孤苦凄凉的身影，在漆黑的夜里彷徨了一整晚。她没有呼唤他，只是静静地观望着，她期待那个被月亮蛊惑的词客发现她的存在。然而他没有。

一场轻许也轻负的爱情，最终也没能有个好结果。

惟与虫娘两心同

小楼深巷狂游遍，罗绮成丛。就中堪人属意，最是虫虫。有画难描雅态，无花可比芳容。几回饮散良宵永，鸳衾暖，凤枕香浓。算得人间天上，惟有两心同。

近来云雨忽西东。诮恼损情悰。纵然偷期暗会，长是匆匆。争似和鸣偕老，免教敛翠啼红。眼前时，暂疏欢宴，盟言在，更莫忡忡。待作真个宅院，方信有初终。

——《集贤宾》

人的一生中会遇见很多人，在茫茫人海中，或匆匆而过，或结伴同行。不论是蜻蜓点水，还是浓墨重彩，总归是他们的存在，成就了我们生命的色彩。沿着人生的轨迹行走，我们会发现，生命中总会有一两个知心知意的人，超越了时间，超越了生命。

春秋时，伯牙擅长弹琴，钟子期善于倾听琴音。某一天，伯牙弹琴之时，当他心中所想的是巍峨的泰山时，钟子期便说："善哉，峨峨兮若泰山！"当他心中想的是宽广的长江时，钟子期便说："善哉，洋洋兮若江河！"不论伯牙弹琴时心中想的是什么，子期皆会清楚地说出伯牙心里所念之物。

高山流水，知音难觅，伯牙每次弹奏曲目，钟子期都能辄穷其趣。子期去世后，再没有人像他一样，能听懂伯牙的弦上之音，心中所念。世上再无知音，弹琴便失去了意义。于是，伯牙挑断了琴弦，摔破了古琴，终其一生，都未再弹奏一曲琴音。

知音，知心。子期之于伯牙，便是那个超越生命的朋友。

秦朝末年，西楚霸王项羽与汉高祖刘邦争夺天下，项羽兵败被困于垓下。四面楚歌，项羽听后心生伤悲，自知大势已去，便兀自喝起了闷酒。他看着身旁为他倒酒的虞姬，更添伤感情绪，慷慨悲歌道："力拔山兮气盖世，时不利兮骓。骓不逝兮可奈何，虞兮虞兮奈若何！"

突围在即，项羽率领二十八骑兵冲杀汉军。他出发的时候，虞姬就在身后。他回头看了他一眼，她知道这是永别。她能做的，便是成全他一生的英勇和霸气。

"汉兵已略地，四面楚歌声。大王意气尽，贱妾何聊生。"这是她自刎前作的最后一首诗。字字句句，坚定无比。作为霸王的女人，她绝不允许自己成为项羽的后顾之忧，她要走在他前面，不论他会不会来，她都会等他。

项羽濒临死境，乌江亭长劝他回到江东以图东山再起，但是虞姬死了，他也无心苟活，最后在乌江河畔，拔剑自刎。他的鲜血，虽然染红了乌江水，却也成全了他心底的爱情。

多年以后，有位南宋女词人还在感慨他的一身傲骨。"生当作人杰，死亦为鬼雄。至今思项羽，不肯过江东。"她姓李，闺名清照，爱花爱酒，用一只生花妙笔，写尽人世的美丽与哀愁。生逢乱世，颠沛流离。她曾想，若是当年那个西楚霸王听从乌江亭长的规劝，回到了江东，会不会她生活的朝代，是一个清平盛世。

史事无假设，有些选择，一旦做了，不论过程重复多少次，结局也不会有丝毫的更改。因为虞姬还是那个虞姬，项羽也还是那个项羽。他们的爱，超越了生命，亦越过了漫漫岁月，万古流芳。

“平而后清，清而后明。”上天宛如一杆秤，一个人一生的喜怒哀乐，分量不会有多大差别。当你失去所爱时，也必然会得到些什么。寒夜漫漫，黎明的曙光，便是生命里的暖；悲哀无限，春宵帐底的温柔，便是人生的欢喜。

科举失意，情场得意，这是三变的失与得。名落孙山却有千万词章，冥冥之中，三变心底所有的不如意却成了一首首名垂千古的佳作。就像他从不曾知晓，一个寂寞的文人，一个常年混迹青楼的风流客。千年之后，会出现在另一个同样寂寞，同样有着遥远梦想的文人的笔下。

在师师的引荐之下，三变结识了许多能歌善舞的青楼女子。她们身处风尘之中，却也有着高洁的情怀。三变和她们之间，是芙蓉帐下的云雨，亦是人生道上的知音。她们的歌舞里有三变的孤独和落寞。三变的诗词中，有她们的无奈与愁苦。

在感情面前，从来没有身份之别。不论你是皇宫深处的帝王，还是秦楼楚馆的过客，只要遇上了那个与你相知的人，便都是这世间的痴情人。有的人，爱得卑微，纵算是低到尘埃里，还有奋力开出花来。有的人，爱得骄傲，就算是近在眼前，也要做出一副天涯不相问的姿态。

柳三变，一个惆怅善感的词人，虽生来多情，却又一再扮演着薄情郎的角色。每次遇到一个知心的可人儿，便总想霸道地占据她的整个心房。他确是成功的，在爱情里，他总能赢得姑娘们的芳心，让她们魂牵梦萦，想要托付终身。可她们不知，身前这个对她们疼惜万分的多情郎，只是她们生命里的一个匆匆过客。

或许是年少时发妻的离世，对他造成了沉重的打击。如今他才会更加珍惜当下的时光，及时行乐，享受生活，对着一个个温柔可人的女子，许下一个又一个的山盟海誓。但这样的誓言，并不是上下嘴唇一开一合就能实现的。

小楼深巷狂游遍，罗绮成丛。就中堪人属意，最是虫虫。有画难描雅态，无花可比芳容。几回饮散良宵永，鸳衾暖，凤枕香浓。算得人间天上，惟有两心同。

近来云雨忽西东。诮恼损情悰。纵然偷期暗会，长是匆匆。争似和鸣偕老，免教敛翠啼红。眼前时，暂疏欢宴，盟言在，更莫忡忡。待作真个宅院，方信有初终。

流落汴京的日子里，三变的身影时常出现在小楼深巷中。为了赶赴一场姹紫嫣红的红尘情事，他抛散浮名，化作一个温情的风流才子。置身万花丛中，他静静聆听花开的声音，芬芳枯燥乏味的生活。

“小楼深巷狂游遍，罗绮成丛。就中堪人属意，最是虫虫。”虫虫，是三变对虫娘的爱称。罗绮丛中，她是那个百媚千娇的风月女子。繁华背后，她是那个最得三变之心的红粉佳人。

人们总是爱用泛黄的旧照片来哀悼一去不复返的时光，却未发现，在这悠悠岁月之中，还有许多明媚的颜色，充斥着我们的回忆。一如虫娘之于三变，就是一处绚烂美丽的风景。

“有画难描雅态，无花可比芳容。”三变眼中的虫娘，最是美艳动人。即使是这北宋都城里最出色的画师，也难以描摹出虫娘的倾世绝色。就连百花之中，也找不出一种可以与虫娘的芳容相媲美的花来。也正是这样的女子，才能长久地将三变留在身边，不忍归去。

两个相爱的人在一起会大大低估时间的流逝速度，更何况有虫娘这样美丽知心的女子陪伴在身旁，三变早已深陷于虫虫的如玉温香中，难以自拔。“几回饮散良宵永，鸳衾暖，凤枕香浓。”很多次宴会之后，都是虫娘陪侍在三变身旁。相较家中那位秋芸而言，三变和虫娘，不是夫妻，却胜似夫妻。

“算得人间天上，惟有两心同。”爱情来时，理智往往要退居后位。于三变来说，每次和虫娘在一起的时光，总是短暂而曼妙的。在那温暖的鸳鸯锦被和香浓的艳美枕头面前，他总是觉得，在这天上人间，唯有虫娘才是她的真爱。

在很多个夜晚里，他附在虫娘的耳边轻轻诉说，称赞她的美丽与体贴。这一刻，他忘记了瑶姬，忘记了楚楚，忘记了琼娥，也忘记了师师。对着身旁的虫娘，他温柔地对她许下诺言，终有一天，会将她迎进家门。到那时，他们会成为真正的夫妻。

虫娘在这风月之地，沉浮多年，遇见一个真心相待的人，总是想奋力抓住。可是，三变真的是她的救命稻草吗？

张爱玲在《红玫瑰与白玫瑰》一文中写道："男人娶了红玫瑰，久而久之，红的变成了墙上的一抹'蚊子血'，白的还是'床前明月光'；娶了白玫瑰，白的便是衣服上沾的一粒饭粒子，红的却是心口上一颗朱砂痣。"

得不到人的永远是最好的，实现不了的诺言永远是最诱人的。即使三变和虫娘认真地爱过，但在世俗的眼光里，他们之间始终都是嫖客与歌妓的故事。柳府是书香世家，以儒学治家，能容忍柳三变纵情青楼的生活已是不易，却绝不可能接受一个烟花女子踏进家门。

"近来云雨忽西东。诮恼损情悰。纵然偷期暗会，长是匆匆。"三变恼怒家族宗亲们不解风情，非要带着世俗的偏见，棒打了他们这对好鸳鸯。让他们分离西东，难以相见。纵然是偷偷幽会，也总是短暂匆忙。

在家族和世俗的威胁之下，三变开始变得无力，彷徨。他不知道该如何做，才能和虫娘鸾凤和睦、相偕到老。每次见到虫娘，她都满心忧愁，敛眉啼哭。这场爱情，在家族名声和文人道统的压迫之下，渐渐凋零，早已没有了当初的欢颜笑语。

两心同处，一片伤心。那些曾经信誓旦旦，许下的海誓山盟，终究还是未能实现。

第五章 千山万水指南国

科举不公，抛弃了一个满腹经纶的才子；温香软玉，滞留了一颗满怀抱负的心。匆匆数十载，柳三变已至不惑之年。在这个本是柳暗花明的年纪，他除了一首首动人的词曲和一段段沉重的情债，仍然一无所有。终于，他选择逃离，逃离尘世的樊笼，奔赴心中的桃源。千山万水，是远离，亦是回归。

轻负歌姬别高城

虹收残雨。蝉嘶败柳长堤暮。背都门，动消黯，西风片帆轻举。愁睹。泛画鹢翩翩，灵鼍隐隐下前浦。忍回首，佳人渐远，想高城，隔烟树。

几许。秦楼永昼，谢阁连宵奇遇。算赠笑千金，酬歌百琲，尽成轻负。南顾。念吴邦越国，风烟萧索在何处。独自个，千山万水，指天涯去。

——《引驾行》

“靡不有初，鲜克有终。”这仿佛是柳三变真实生活的写照。细看《诗经》中的这句箴言，才发现三变的半生之路莫不如此，不论是科举还是爱情，似乎都有着美好的开始，却难以有个圆满的结局。

那些年，所有的遗憾与愁苦，在他笔下，汇成了一片词海。

如今，三变四十岁了。不惑之年，本是一个遇事不再迷惑的年纪。这个时候的男人，应有一个宽阔的肩膀，能扛得起风雨，担得起生活的负担。可三变不得不承认，除了孤独落寞，除了风花雪月，他的世界真的欠缺了太多东西。

十年流落京华，十年碌碌无为。在这座金碧辉煌的都城里，他奋斗过，潇洒过，执着过，神伤过。可是到了最后，却变得孑然一身，一无所有。爱妻离世，父母长眠，科举落第，理想破灭。这座城市里充斥着太多悲伤的回忆。

“举杯邀明月，对影成三人。”他曾在许多个繁华落尽的夜晚，像百年前的李白一样，顾自独酌，一饮而尽。他一度告诉自己，人生的路不会一直荆棘丛生的，总有一天，他也能看到属于自己的康庄大道。待到那时，他要走在那条开满繁花的路上，边走边唱，快意人生。

三变在这座高城里，遇见了很多境遇相同的人。他们，要么是科场落第，要么是情场失意。千万人之中，总有一些人的出现，触动了三变心里的伤口。可他们的相遇相知，终不过同烟火一般，绚烂至极，温暖一时，而后便又两两相忘。遇见情深的，在告别时或有一句：“江湖路远，各自珍重！”

举杯消愁，愁上加愁。十年了，他看着身边的文友们，一个个高中及第，一个个头戴乌纱。再回头看看自己，才华绰约，却还是万花丛中的那个白衣卿相。虽然每天过着把酒听歌，量金买笑的奢靡生活，可到了不惑之年，他才看明白，那些曾经与他相互取暖的如花女子们，终究不过是彼此人生中的过客。

三变说过：“往事不要再提，人生几多风雨。”他在这座城市里，实在待得太久了，久到他快忘了城外的世界是多么辽阔，城外还有多少种人生值得他去经历。

在失意的人生面前，汴京城里的悲欢故事，他早已疲于应对。思索至此，杯酒成空。他，终是选择了离开，离开这座令他伤心的城市，逃离这个困居他多年的樊笼。

天高云淡，流水绵绵。三变已准备好了启程的脚步。

虹收残雨。蝉嘶败柳长堤暮。背都门，动消黯，西风片帆轻举。愁睹。泛画鹢翩翩，灵鼍隐隐下前浦。忍回首，佳人渐远，想高城，隔烟树。

几许。秦楼永昼，谢阁连宵奇遇。算赠笑千金，酬歌百琲，尽成轻负。南顾。念吴邦越国，风烟萧索在何处。独自个，千山万水，指天涯去。

“一向年光有限身，等闲离别易销魂。”四十岁的三变终于意识到，生命是有长度的。韶光已逝，他的青春，已化成一个个柔软多情的故事，定格在记忆深处。随着年岁的增长，那些故事，渐行渐远。而这座他生活多年的高城，似乎并没有多大的改变。一如六岁是跟随母亲到来时的繁华，一如科举落第那年的落寞。

面对一座在其中生活已久的城，人们总是爱将自己的主观感受强加给城里的一山一水，一草一木。落寞时，眼里看到的景物，也尽是愁苦。喜悦时，似乎连呼进呼出的空气都是那么井然有序，无比清新，仿佛整座城都在为之庆祝。

感受过喜悦，也经历过悲伤。这座城留给三变的，更多的还是无可奈何。离开或许不是最好的选择，但是留下更是没有丝毫的出路。

自古而今，词人大多是多愁善感的，他们容易为外物所感，譬如天气。当天气晴好，万里无云时，心情少有不明朗的，当天空阴暗，烟雨微茫时，一颗柔软的心总是难免伤感。这一点，柳三变比大多数词人更甚。

“虹收残雨。蝉嘶败柳长堤暮。”那一天的汴京城，被大雨洗劫一空，直到傍晚时分，雨水才稍有收敛。天空明净如洗，几束斜阳被空气中的水分不断瓜分，成就了远处的一道彩虹，高高地悬于天边。初秋时节，一场雨便带来一阵凉意。长堤之上，柳叶泛黄，树与树之间传来阵阵蝉鸣，声音低哑沧桑。显而易见，属于它们的时节，已经过去了。

属于柳三变的汴城光阴，亦在渐渐泛黄……

“背都门，动消黯，西风片帆轻举。愁睹。泛画鹢翩翩，灵鼍隐隐下前浦”一阕离歌，十里长亭。踏出汴京的城门，便是要告别过往的一切。此后山高水长，他只是游走在世间的一名词客。

西风清冷，远行的船只正在升起篷帆。看到这些，三变心里的愁苦情绪便已蠢蠢欲动，悄然涌出。他满是离愁地望着江上的景物，隐隐中透出不舍之情。他是这样的，看似无情，实则多情。还未真的离开，就开始怀念。他怀念的，不是这座城，而是城里那个年少无畏的自己。

“忍回首，佳人渐远，想高城，隔烟树。”告别一座城，需要很大的决心，告别城里的人，更是需要莫大的勇气。《格林童话》中有一则小故事，是说一个穿着华服的人，吹着笛子，笛声悠扬动听。满城的孩子，在笛声的引领之下，被吹笛人带出了城。

在北宋深掩的重门之下，三变就是那个风流倜傥的吹笛人。他携着赞颂爱情的词章穿城而过，让满城的女子为之交付一颗真心。又将一场场没有圆满结局的爱情，谱成笔下的一首首满是遗憾的词曲。

“几许。秦楼永昼，谢阁连宵奇遇。算赠笑千金，酬歌百琲，尽成轻负。”往事不堪回首，佳人逐渐远去。千年前，那位白衣卿相站在船头，迎风而立，看着越来越渺茫的高城，突然想起昔日在秦楼谢阁的风流旧事。

那些忘却前尘的青楼女子，在遇见三变后，似乎总能想起些什么。她们，倾慕于三变的倾世之才，在三变的人生中，拈花而来，打马而过，匆匆却深情。

只是，在柳三变心怀山河的日子里，不知有多少颗难堪离别的心，要凋零在这西风之中。如同烟火与星光，虽同是在夜空里绽放，但本质是不同的。烟火绚极一时，却很短暂。而星光本是穿越千万年，不远万里才来到我们眼前。它们经得起如流的岁月，抵得住飞逝的时光。

那些风尘之地的歌姬，之于三变，恰如这一场场绚烂的烟火，美丽一场，终究落寞。而瑶姬，永远是三变心中明亮的星光，无时无刻不在指引着三变，穿越黑暗，行至光明。

一场烟火，尽成轻负。三变心中始终是通透的。为此，他把那些歌姬所不能承受的爱情之轻，都赋予了深重的词义，流传百世且永不磨灭。

“南顾。念吴邦越国，风烟萧索在何处。独自个，千山万水，指天涯去。”高城越来越远，江南越来越近。吴邦越国就在那风烟萧索的深处，那是他曾经去过的地方，亦是理想开始的地方。

一叶兰舟，趟过北宋的山河，直指风光旖旎的南国。三变觉得，去往那里，不是逃离而是一种回归。

匆匆策马凄凉道

一枕清宵好梦，可惜被，邻鸡唤觉。匆匆策马登途，满目淡烟衰草。前驱风触鸣珂，过霜林，渐觉惊栖鸟。冒征尘远况，自古凄凉长安道。行行又历孤村，楚天阔，望中未晓。

念劳生，惜芳年壮岁，离多欢少。叹断梗难停，暮云渐杳。但黯黯魂消，寸肠凭谁表。恁驱驱，何时是了。又争似，却返瑶京，重买千金笑。

——《轮台子》

一个真正向往自由的人，在一路前行的日子里，不管是遇见快乐还是悲伤，都会享受旅途中的一点一滴。

然而柳三变从来不是这样的人。不知他是“为赋新词强说愁”，还是真的天生就是一个愁苦的人。离开汴京后，他所创作的词曲，除了投递给达官贵人，赞颂一方水土文化的，大多数的词章里，都夹杂着无限愁思。是以，北宋婉约派始祖的身份，他确是当之无愧的。

告别汴京城后，三变每天都在旅途中奔波，或乘船，或策马，一路南下，不曾停歇。起初的时候，他的心中坚定，认为京华之地终是一个落寞的地方，只要奔赴南国，面向山水，便可开启一段崭新的人生。

为了心中的山水，他关闭了一座城门，信若磐石，这是令人钦佩不已的地方。只是少有出城的柳三变，还是低估了汴京到江南的距离。终不似年少时的锦衣玉食，父母亡故之后，他的两个兄长自顾不暇，更无过多的精力去照顾那个整日流连于烟花之地的弟弟。

那时，从汴京到江南，满打满算也需要两个月的行程。旅途颠簸，生活实苦。两个月里，三变就像浪中浮萍，风中草梗一般，独自漂泊，孤苦无依。每天为了赶赴至下一个驿站，而不得不匆忙行走。

时间久了，这位少有经历物质之苦的词客，早已身心俱疲，无力追梦。

“休言半纸无多重，万斛离愁尽耐担。”虽然三变孤身离开了汴京，但也带走了城里无数女子的心。她们将思念汇成文字，做成纸笺，早早地寄出，期盼着有一天他能收到。

秋天，万物凋零，本是一个伤感的季节。一路上，每一处残败的景象，都被这个细致的词人看在眼里，记在心间。

路途艰苦，自从收到了一封虫娘写的，满是离情的书信后，每到一处驿站，他都会过问是否有来自汴京的，只属于他的书信。

她们的存在，让三变在漂泊的岁月里，时时回望汴京的时光，聊以慰藉。如此，三变在看到深秋的凄清光景时，心有所思，不会感到太寂寞。

“无情不似多情苦，一寸还成千万缕。天涯地角有穷时，只有相思无尽处。”人在孤旅之中，由于长期奔波辗转，一颗再坚定的心也会变得脆弱。感伤之余，过往的时光也会泛上心头。

三变何尝不明白，这世上的告别，又有哪一次能够真正的忘记。都说无情的人在面对分别之时，不会历经愁苦。在风月场上，三变也曾试图成为一个无情的人。他将一颗心，分成一寸寸，真诚地交付给一个个心仪的女子。他原以为，离开之后，他不会有多痛。

确实，在那座高城里，每每结束一场爱恋之时，他并未感到自己有多怀念。只因，一段爱情的结束，便是另一场爱情的开始，他来不及悲伤，也来不及痛苦。

别后暗负，光阴多少。如今却不同，他远离了汴京城，身边只有一封封写满思念的书信以及遥遥无尽的路程。每每望向夜空中的那一轮孤月，他的每一寸真心，都化作千万缕思绪，无穷无尽，飞往那座高城之中。

一枕清宵好梦，可惜被，邻鸡唤觉。匆匆策马登途，满目淡烟衰草。前驱风触鸣珂，过霜林，渐觉惊栖鸟。冒征尘远况，自古凄凉长安道。行行又历孤村，楚天阔，望中未晓。

念劳生，惜芳年壮岁，离多欢少。叹断梗难停，暮云渐杳。

但黯黯魂消，寸肠凭谁表。恁驱驱，何时是了。又争似，却返瑶京，重买千金笑。

若说这世间最公允，也最无情的，还是时间。它永远不会为某一个人而增减长度，也不会在生死面前，拯救一个好人，杀死一个坏人。

它是无情的，兀自流淌在岁月的长河里，千年万年，只顾向前。在时间面前，世事变迁，悲欢离合，都是小事。它亦是理性的，独自维持着宇宙里的时间秩序，无有更改，才换来令人怀念的过往，平静安宁的今天以及期待满怀的未来。

日子久了，无情才是有情，譬如时间。旅途长了，无情亦作多情，譬如三变。

历经月余时光，三变行至江淮地区。他梦寐以求的南国故地，就在不远的前方。

“一枕清宵好梦，可惜被，邻鸡唤觉。”路途奔波，秋寒深重。离开汴京后，三变很少有睡好觉的夜晚。此夜难得清静，他在想，终于能够好好睡一场觉了。吹灯入眠，才刚刚渐入佳梦，邻家的鸡便已声声啼叫，生生将一个身在旅途的词人唤醒。

“匆匆策马登途，满目淡烟衰草。”三变不得不连忙起床，整理仪容，收拾行装。如此这般，他才能如期赶往水遥山远的楚地。匆匆然，三变骑上马背，踏上驶往江南的征途。

天色微茫，已过秋分。此时的天空还未完全明朗，策马之时，他能清楚地看到，有淡淡寒烟正笼罩着路边的枯草。殊不知，那是秋冬交替时节凝成的萧瑟之气，如烟如雾，成就这精致的深秋之色。

“前驱风触鸣珂，过霜林，渐觉惊栖鸟。”寒风阵阵，穿山过水而来，刺穿疾驰的骏马之上，那一颗离人的心。迎着风飞驰，被吹动的鸣珂发出银铃般的响声。三变驾于马上，一路奔走。途经一片枫林，才渐渐发觉正栖息的鸟儿被阵阵鸣珂声，马蹄声惊飞。

鸟儿还未醒来，游人却早已奔走在途中。如此光景，不免引来三变的一阵伤感。

“冒征尘远况，自古凄凉长安道。”路上的尘埃，被马蹄溅起，淹没了一颗赤子之心。面对遥远的路程，三变想到世人都说，自古以来最凄凉的一条路，是长安的古道。听说那条道上，百里之内，荒无人烟。

其实，这世上凄凉的，又何止长安一条古道。人心孤寂，途中的景物便是一片死寂。

“行行又历孤村，楚天阔，望中未晓。”三变策马途中，远远地经过了一个个孤零零的村庄。每经过一个，离楚地便更进一步。只是视野中，楚地的天空虽然辽阔，但仍是什么也看不到。

“别后不知君远近，触目凄凉多少闷。渐行渐远渐无书，水阔鱼沉何处问？”如同欧阳修的孤旅生活一样，三变长久行于途中，漂泊不定，已经很少收到汴京城寄来的书信了。不知是时间久了，城里的歌姬已有新欢，将他柳七郎渐渐遗忘在记忆深处。还是路途遥远，鱼雁无凭，她们的书信，一封封都被遗落在风中，难以为寄。

孤独的三变，希望是后者。他希望，汴京城里有一些人，会记得他的存在。

“念劳生，惜芳年壮岁，离多欢少。”四十岁的男人，正值壮年，风华正茂。经历过生活的洗礼，耐得住思想的冲击，他们通常是沉稳而理性的。三变想起当下辛苦劳累的生活，不免叹息自己身处在壮年之岁，却还时常面临着聚少离多的场面，诸多愁苦情绪，油然心生。

“叹断梗难停，暮云渐杳。但黯黯魂消，寸肠凭谁表。”叹息，是游人心中抒发的悲情，也是游人面对逆境时，无言的低诉。三变叹息自己的孤旅寂寞，漂泊不定，如同折断的芦梗漂浮在水上，四处游离，无有归处。

远处天边，斜阳慢慢落下西山。傍晚的云霞，随着余晖的消散，渐转幽暗。三变叹只叹，在这凄凉的古道上，满腔愁苦，竟找不到一人诉说。

“恁驱驱，何时是了。又争似，却返瑶京，重买千金笑。”远眺一望无际的路途，三变夜不成眠。他甚至想过回返汴京，不惜一切代价，重新博取美人欢心，可无奈身在旅途，不堪回马。

皓月难以长圆，彩云不得长聚。凄凉古道之上，一匹骏马，匆匆而过，每一个马蹄印里，都装满了三变深深的思念。

水遥山远楚天晚

楚天晚。坠冷枫败叶，疏红零乱。冒征尘，匹马驱驱，愁见水遥山远。追念少年时，正恁凤帏，倚香偎暖。嬉游惯。又岂知，前欢云雨分散。

此际空劳回首，望帝里，难收泪眼。暮烟衰草，算暗锁，路歧无限。今宵又，依前寄宿，甚处苇村山馆。寒灯畔。夜厌厌，凭何消遣。

——《阳台路》

人的一生，从呱呱坠地到落叶归根，其间的过程就像一场旅行。形形色色，是路上的风景，悲欢离合，是途中的故事。一路走走停停，一路踏花拾锦，故事里的欢乐与悲伤，皆是人生的际遇。

山遥水远，离人奔波，途中的寒风愈来愈凛冽刺骨。这时节，距离三变在汴京的美好生活，已经过了三个月了。为了找寻心中的高山流水，为了重遇少年时的理想，他在这场漫游江南的旅途中从未停歇。水路乘船，陆路策马，一路上风雨兼程，耗时数月，终于来到了楚地，那个残蝉躁晚的萧索江城。

距离上次三变踏上脚下的这片土地，已过二十年。

二十年很长，将青涩熬成风霜，在曾经那个俊美的少年脸上，划下了一道道岁月流过的痕迹。二十年，每一天里都充盈着许多费心劳神的俗事，纷繁难以决断，三变脸庞上的清晰纹路就是证据。

二十年也很短，尤其是在回忆的时候。过往的故事，有的乘风飘散，消失在岁月深处，到生命尽头也没有被想起。有的刻骨铭心，被压缩成一幕幕有颜色的画面。一个画面的时光，可以是一天，一个月，甚至好几年。

曾经来过的地方，不管怎样的变化，心里都是熟悉的。

策马扬尘，行色匆匆。一颗浮躁疲惫的心在重新涉足这片土地时，顿时平静下来。三个月的清苦孤旅，三个月的翘首企足，在看到身前江城的那一刻，三变的内心就化作城里的一河长江水，波澜不惊，安若明镜。

看到眼前的楚地，与二十年前相比，风貌变化很大。三变脑海里浮现出唐朝诗人李嘉佑的一句诗。

“楚地蒹葭连海迥，隋朝杨柳映堤稀。”长江之滨的芦苇，一年里，萌发了一季，蓬勃了一季，又枯黄了两季。年复一年，野火烧不尽，春风吹又生。从青绿到枯黄，不变的是芦苇由生及死的过程。生生不息，不断生长，变化的是芦苇越积越厚的根基。

即使身处万物凋零的季节，楚地的芦苇依旧繁盛茂密。隋朝时堤岸上杨柳，早已被生命力顽强的芦苇取代。

沧海桑田，朝代更迭，是历史上再平常不过的事情，更何况是三变脚下的这一方土地。

一个多愁善感的词人，在曾经来过的地方，看着眼前的景物，总会触目伤情，想起年少的自己，而后生出浓浓的词意，非留存纸上而不能已。

楚天晚。坠冷枫败叶，疏红零乱。冒征尘，匹马驱驱，愁见水遥山远。追念少年时，正恁凤帏，倚香偎暖。嬉游惯。又岂知，前欢云雨分散。

此际空劳回首，望帝里，难收泪眼。暮烟衰草，算暗锁，路歧无限。今宵又，依前寄宿，甚处苇村山馆。寒灯畔。夜厌厌，凭何消遣。

词，是直抒胸臆地表达，是悠扬清丽的旋律。一个多情的词人，在岁月的洗礼之下，遍历人生风景，饱尝雨露风霜。即使手中没有一支湖笔，身前没有一卷宣纸，也能对着平淡琐碎的生活里，写出绵绵无尽的遐思。

不论是科举场上的屡屡失意，还是秦楼楚馆中的纸醉金迷，抑或如今山遥水远的天涯孤旅。总归是这些经历，成就了三变一点一滴的生活，成就了他笔下的金章玉句。

“楚天晚。坠冷枫败叶，疏红零乱。”二十年前，三变只身来到楚地，是在一叶惊秋的素商时序。眼前，楚地的天空灰茫茫一片。早在三变抵达江城之前，山边的一轮红日便早早地落下了。冷风袭来，一树红枫叶，飘飘然在空中上下翻转，零落。

这深秋的光景着实凄凉，枫叶一片片，都落在了词人的心上。他期望着，冬天过后，飘落的红枫叶，能化作来年的春泥，滋养着心中的理想。

“冒征尘，匹马驱驱，愁见水遥山远。”三变站在楚地上眺望一路东去的长江，良久，天色越来越暗，他却毫无察觉，只顾盯着眼前的山水发愁。同行的马儿被拴在红枫树旁，在原地不停地打转，似乎也在为词人的不紧不慢感到着急。

三变的灵魂一直在旅途中流浪，他在寻找一个可以听得懂他的词外之意的人，一个可以自由自在地与他对话，听他倾诉的人。可“人生难得一知己，千古知音最难觅”。不是每一个伯牙，都会遇见自己的钟子期。

“追念少年时，正恁凤帏，倚香偎暖。”思及此处，三变不免想到汴京的时光。平康坊里，红袖招中，那些莺莺燕燕，不正是彼此的知音么。一个感慨飘零的身世，读得懂三变的词中深意，一个悲叹落寞的命运，听得懂歌姬的弦外之音。

思念起，万水千山相隔，终归是毫无意义。

“嬉游惯。又岂知，前欢云雨分散。”在汴京，三变是出了名的风流词客，流连于万花丛中。把酒听歌，闻香采蜜，与一场场艳遇，不期而遇。只是眼前三变远在楚地，和汴京隔着三个月的时光。

远处的江面依旧平静，甚至没有流淌的声音，而三变深深陷入了回忆之中。孤夜寂寥，记忆里，却传来一阵阵美妙的歌声。

人生有七苦，生老病死、爱别离、怨憎会和求不得。对柳三变来说，最苦的莫不过是爱别离。“此际空劳回首，望帝里，难收泪眼。”那个曾经极度厌恶的地方，现在却成了三变心中极为思念的故乡。

月光清冷，三变转过身来，眺望着汴京的方向，在飒飒寒风中，竟落下泪来。俗语有云：“男儿有泪不轻弹，只是未到伤心处。”诚然，那座遥远的京都城，的确是令三变伤心又思念的地方。

“暮烟衰草，算暗锁，路歧无限。今宵又，依前寄宿，甚处苇村山馆。”三变徘徊在红枫树下，思索良久。光阴一寸寸地老去，这个愁苦的词人终于意识到，前方多歧路，再不离去，便连寄宿的苇村山馆都赶不到了。“寒灯畔。夜厌厌，凭何消遣。”孤灯暗暗，长夜漫漫，又该如何度过呢?

一面放浪，一面清醒。三变一生都在此间徘徊、纠结，害怕看不到黎明的曙光，又害怕被曙光里的射线灼伤。以至于他一生都在追寻，追寻爱情，追寻科举，追寻山水。

楚地的风景，丰盈而忧伤。轻掩记忆之门，他是一个悲情的浪子。纵情山水之间，他不过是世上的一名闲客。

钱塘自古繁华地

东南形胜，三吴都会，钱塘自古繁华。烟柳画桥，风帘翠幕，参差十万人家。云树绕堤沙，怒涛卷霜雪，天堑无涯。市列珠玑，户盈罗绮，竞豪奢。

重湖叠巘清嘉。有三秋桂子，十里荷花。羌管弄晴，菱歌泛夜，嬉嬉钓叟莲娃。千骑拥高牙。乘醉听箫鼓，吟赏烟霞。异日图将好景，归去凤池夸。

——《望海潮》

三变抵达杭州城时，已入凛冬时节。大雪纷扬，飘飘洒洒下了几日，把天地之间染成白茫茫一片。他极少看到南方飘雪的场景，格外兴奋，不愿蜷缩在驿站中，便约了几个年少时认识的文友赶往西湖赏雪景。

飞扬的雪花，悄无声音的落下，将天空清扫得分外明净。烟波浩渺，一叶扁舟划过西湖的湖面。撑船人的木桨，划破了清冷的江面，也惊扰了一个游子的心。三变与几个文友们，泛舟湖上，一边煮酒，一边吟诗，其乐无穷。

此间景象，恰如明末清初时的著名文学家张岱，在其《湖心亭看雪》一文中所描写的一样：“雾凇沆砀，天与云与山与水，上下一白。湖上影子，惟长堤一痕，湖心亭一点，与余舟一芥，舟中人两三粒而已。”

同一个地方，同样的景物，不同的一群人在不同的朝代，做着同样的雅事。

在西湖的美丽雪景面前，好似时空出现了错乱。数百年后的张岱出现在北宋的杭州城，他立于湖心亭上，看到水天之间，皆是由白色装饰的盛景。微白的湖面上，三变和他的文友们，正乘着一芥余舟，游荡在这绝美的景色里。是他们的存在，打破了寂静的雪景，冲击了张岱的创作灵感。

有人说，读懂了杭州，便是读懂了半个江南。因为千万首诗词，也说不完一个杭州城，千万幅画卷，也描绘不出杭州的韵味。

三变这次漫游南国，属在杭州城待的时间最长。杭州，亦是他少年远游时来过的地方。钱塘江畔，万松书院，都曾留下他年少时的足迹。那时候他的心性很高，对一切都充满了信心。

他曾以为自己就是世界的中心，故而大多时候，在看待周遭的景物时，是居高临下的。那时候，他并未好好观赏眼前的风景，也未曾认真读懂一座城市。

时隔数十载，他选择重返杭州，亦是这个缘故。故地重游，总能勾起一些年少时的回忆，看见当年的一片赤诚。

重遇杭州，他见过飞扬的雪花漫天飞舞，让不老的青山一夜白头。雨过天晴，他看到萌动的春笋，在竹林里探头探脑，只待一个合适的时刻，就破土而出，直冲云霄。

绿暗红稀，芳华渐渐褪去。盛夏时节，他曾站在西子湖畔，让翠绿的荷叶诗意地为他撑伞。经历过风霜雨露，他才知晓李商隐诗中传达出的深意。“世间花叶不相伦，花入金盆叶作尘。惟有绿荷红菡萏，卷舒开合任天真。”

人生如流水，冲散一池翰墨，却决不会冲散文人的一颗永怀诗意的心。他们身处不同的时空，守在不同的渡口，一起丈量着彼岸莲开的风景。

寒烟薄雾，一夜雨声凉到梦；黄叶满地，万荷叶上送秋来。在三变眼里，杭州的秋是凄凉的，也是从容的。因为他看见，秋天的落叶就像一个无助的老人，被寒风揉碎。风起而飘，风停则止。但是第二年春天，他又看到，那些被吹落的树叶旁，竟长出了一棵棵新生的小树。那一刻，他才恍然大悟，寒叶飘落，是死亡亦是重生。

他在杭州停留了一年的时光，遍赏城里城外的四时美景，繁华风貌。每一天，他都在用心感受这座城市带来的情感，执笔记录生活的点点滴滴。他说，他要读懂的，不只是身前的半个江南，还有一颗热血沸腾，追寻理想的心。

东南形胜，三吴都会，钱塘自古繁华。烟柳画桥，风帘翠幕，参差十万人家。云树绕堤沙，怒涛卷霜雪，天堑无涯。市列珠玑，户盈罗绮，竞豪奢。

重湖叠巘清嘉。有三秋桂子，十里荷花。羌管弄晴，菱歌泛夜，嬉嬉钓叟莲娃。千骑拥高牙。乘醉听箫鼓，吟赏烟霞。异日图将好景，归去凤池夸。

杭州湖山清丽，都市富裕，在许多文人墨客笔下，成诗成词。

“小楼一夜听春雨，深巷明朝卖杏花。”一场春雨，滴滴答答下了一整夜。温柔的雨水，悄悄然渗入深巷的青砖黛瓦里。陆游卧在临安的小楼里，听了一夜的雨声，清脆动听，像极了巷陌里少女软糯清甜的卖花声。一袭宣纸上，留下了陆游传世的诗行。

“菰蒲无边水茫茫，荷花夜开风露香。”竹外疏叶，流水落花春去也，荷芰渐开，满身花语又归来。千年前的某个夏日里，东坡居士乘着一叶轻舟，在芙蓉叶铺就的西湖里一路细赏。荷风送来阵阵香气，露珠儿摇曳在荷叶上，而后在微风的吹拂下跌入湖中。湖面泛起圈圈清波，灯火渐渐变得通明。诗人还沉醉在这荷花乡里，忘了归去。

婉约江南是文人笔下的一首首诗词，杭州是其中最为清丽的一笔。她既有姑苏水乡的温婉雅致，也有汴京都城的悠扬大气。

在三变的词章里，大多是多愁善感的婉约之作，极少有磅礴开阔的诗词。时有一首《望海潮》，是三变作品里难得的投献佳作。没有愁苦，只有繁华的人事。没有悲伤，只有壮阔的青云之志。

“东南形胜，三吴都会，钱塘自古繁华。”杭州自古以来，地理位置优越，是五代吴越国的都城，城市繁华，风景优美。到了北宋的太平盛世里，为官者两袖清风，治理有方，为民者安居乐业，遵守纲纪。市列珠玑，户盈罗绮，杭州变得更加物阜民丰。

“烟柳画桥，风帘翠幕，参差十万人家。”穿过如烟的柳树，彩绘的桥梁，掀开挡风的帘子、翠绿的帐幕，便会看见杭州城的繁盛风致，直入眼帘。近处远处的楼阁高高低低，算起来约莫有十万户人家。看，苏小小的惊鸿一面，至今还留在西泠桥畔。

“云树绕堤沙，怒涛卷霜雪，天堑无涯。”钱塘江，一如三变在二十年前看到的模样。高耸入云的大树环绕着江畔沙堤，澎湃的潮水卷起霜雪一样白的浪花，宽广的江面在词人心中一望无涯。这是杭州的盛景，也是河清海晏的北宋盛世。

“重湖叠巘清嘉。有三秋桂子，十里荷花。”秋天桂花飘香，夏季十里荷花。杭州城的四时风光各不相同，但不论是晴空万里，还是烟雨绵绵，一亭一阁，都是绝美的风景画。

三变选择了一个明朗的日子，邀几个志同道合的文友，泛舟湖上，煮酒烹茶。在微醺中听着箫鼓管弦，吟诗作词。片片白帆，酒旗闪闪，画着鹢鸟的小船，翩翩划过南面的水岸。

“异日图将好景，归去凤池夸。”风景如此旖旎，城市如此祥和。置身其中，三变的求仕理想，在江南的烟雾里若隐若现。他说，以后定要将杭州城的美好景致描绘出来，待到他日回京时，向朝中的官员夸耀。

天水氤氲的杭州城，在三变此次漫游江南的人生里，留下了浓重的一笔色彩。多年以后，他再次回首这里的时光，仍旧是满目潋滟清波，盛开十里荷花。

扬州曾是追游地

鸣珂碎撼都门晓，旌幢拥下天人。马摇金辔破香尘。壶浆盈路，欢动一城春。

扬州曾是追游地，酒台花径仍存。凤箫依旧月中闻。荆王魂梦，应认岭头云。

——《临江仙》

淮左名都，竹西佳处，一座久负盛名的江南水城，在历史上繁盛了千年。生活在这座城市里的人们，可在姹紫嫣红的烟花三月里，行走在二十四桥上，沐晨霭微风，揽千里春色。可在橙黄橘绿的金秋里，撑一叶小船，听一曲杨剧，赏十里桂花。

这座古城，便是有着“天下运河第一城”之称的扬州。

扬州是一座诗城。古往今来，赞颂扬州的诗词浩如烟海，汗牛充栋。细腻的文人们，总能将扬州的一亭一阁，一景一物，化作一首首惊艳世人的诗词。

“萧娘脸薄难胜泪，桃叶眉尖易得愁。天下三分明月夜，二分无赖是扬州。”在唐朝诗人徐凝的记忆里，印象最深刻的，是扬州的月光。天下三分月色，扬州独占两分。此诗之后，扬州城便多了个“月亮城”的称号。

“故人西辞黄鹤楼，烟花三月下扬州。孤帆远影碧空尽，唯见长江天际流。”风流潇洒的人，写出的诗歌亦是潇洒自在的。李白是这样的，不论是作为一个诗人，还是一个友人，在面对离别时，深情从不溢于言表。

黄鹤离去，白云千载，惟留一座空旷的黄鹤楼。李白立于楼上，看着友人远行的孤帆，随着长江水一路东去，直指扬州。三月的扬州，是无尽的浪漫与诗情，城里有折不断的柳，喝不完的酒，和写不尽的诗。

晚唐时期的杜牧和三变一样，都是名副其实的风流才子。在扬州，杜牧曾留下诸多传世的诗篇。他写尽了这座古城的繁华美丽，也赋予了其浓重的情感。

“青山隐隐水迢迢，秋尽江南草未凋。二十四桥明月夜，玉人何处教吹箫？”遥想千年，怀才不遇的杜牧，虽身在仕宦却始终不被重用，心中早有归隐之意。夜深人静之时，他总是想起那座令人魂牵梦萦的江南水城。

一首诗，装饰一个景点。千万个文人，便成就了一座古城。

数年间，三变在柔美江南的一座座城市里辗转来回。每一天的生活里都充满了诗情画意。贪欢享乐，遍历山水的日子虽然闲逸，但他并没有忘记心中的理想。越是处于繁华富裕的城市，他的求仕之心就越热切，如同熊熊烈火一般，越烧越旺。

扬州城就像一面有了年代感的镜子，她见证了太多的兴衰往事，大到风云变幻，朝代更迭，小至一个落魄的才子，为了多年的理想，正在城里对着手中的一纸诗词，思索良久。搁笔洗砚之时，这首投献之词便要送往扬州城新上任的地方官手中。

鸣珂碎撼都门晓，旌幢拥下天人。马摇金辔破香尘。壶浆盈路，欢动一城春。

扬州曾是追游地，酒台花径仍存。凤箫依旧月中闻。荆王魂梦，应认岭头云。

三变始终相信，不管是生活在一个清平的时代，还是一个战火纷飞的时代，有才华的人定不会一直落魄下去。逃避，只会让自己离梦想越来越远。消极，只会泯灭自己的经世之才。唯有热爱自己身处的朝代，勇敢追寻梦想，前方的路才会渐渐明亮。

柳三变游历扬州时，正值地方官上任之际。为了崭露头角，让官场之人知晓自己的才华，他自不会错过这千载难逢的投献机遇。一首华丽大气的《临江仙》，不仅记录了新官上任时的宏伟仪式，还将扬州城的历史人文和浪漫风韵生动地呈现在眼前。

“鸣珂碎撼都门晓，旌幢拥下天人。马摇金辔破香尘。”

入城的大队人马，打破了扬州城清晨的宁静，马勒上的佩饰发出的声音清脆悦耳，似乎要传遍整个扬州城。

前后绵延的仪仗队，旗帜飘扬，簇拥着这位德才兼备的新官。他乘坐在高头大马上，手中的缰绳随着马儿的行走一步一摇。马过之处，惊起一地的香尘，飞扬在空中久久未散。仿佛它们正在空中起舞，欢迎新官的到来。

《三国·魏书·邯郸淳传》记载：“淳归，对其所知叹植之材，谓之‘天人’。”文学博士邯郸淳与曹子建相遇相知，谈古论今。邯郸淳十分钦佩自建的才华，慨叹称他为“天人”。三变引经据典，将新官比作“天人”，可见这位官员的来历非同一般。

“壶浆盈路，欢动一城春。”城中百姓夹道欢迎，为这样一位贤德的地方官来治理扬州而欢呼雀跃。满城春色也被欢笑声所打动，到处弥漫着洋洋喜气。

《孟子·梁惠王下》有云：“箪食壶浆以迎王师。”只有王公贵族才配享百姓以箪食壶浆相迎的待遇，出现在富庶的扬州城内。可见马上的那位高官，身份是何等显贵。

或许是在仁宗面前说错了话，才下任扬州为官，又或是为了体验民间疾苦，历练人生，自甘来到扬州。不管是何种原因，他的到来之于三变，都是难得的机遇。能够与之结识，便是三变人生里的一笔财富，等到他日高官重返京都之时，也许能够在仁宗面前推举三变也未可知。

“扬州曾是追游地，酒台花径仍存。凤箫依旧月中闻。”

帝王将相，江都南巡；才子落魄，江南寄情；商贾往来，繁忙漕运……扬州是历朝历代久负盛名的追欢游乐的地方。

竹西佳处，荠麦弥望，扬州城一如过去那样风流繁华。三变置身其中，清楚地看到，前朝文人饮酒赏花的地方仍旧安然无恙。明月夜中，美人吹箫的声音还是那般沁人心脾，美妙动听。

“荆王魂梦，应认岭头云。”悲秋始祖宋玉在《高唐赋》中记载，楚王游高唐之台时曾在梦中遇见巫山神女，与之邂逅一场风流花事。时代变迁，楚国已成为经卷里的历史旧事，巫山岭头，被时光打磨了千年，似乎也未有什么变化。三变在想，若是现今楚王梦魂再来游历扬州，他应该还认识巫山顶上的那朵朝云吧。

春江花月夜，姣姣丽人面。不管时代如何变迁，扬州的生活，还是一如既往的风流浪漫，流畅典雅。

河水清澈，波色潋滟，乌篷船缓缓摇来，摇醉了一城春色。高官折起手中的词章，连连称是。只道这柳三变才华无限，藏有一颗玲珑心。

金陵茂苑帝王州

古繁华茂苑，是当日，帝王州。咏人物鲜明，土风细腻，曾美诗流。寻幽。近香径处，聚莲娃钓叟簇汀洲。晴景吴波练静。万家绿水朱楼。

凝旒。乃眷东南，思共理，命贤侯。继梦得文章，乐天惠爱，布政优优。鳌头。况虚位久，遇名都胜景阻淹留。赢得兰堂酝酒，画船携妓欢游。

——《木兰花慢》

人的一生中有太多的际遇，相逢是缘，离别是分。在纵横交错的红尘阡陌上，遇见的每个人，都是我们过河投下的石子，走过的每一个地方，都是照亮我们前路的一盏明灯。云聚萍散，在这条满是未知的人生路上，与谁同行并不重要，重要的是途中的风景和那时的心路历程。

一匹瘦马，轻装简行。三变历经数日的行程，终是来到了“自古帝王州”的建康城。这是一座古老的城市，曲径回廊里的煌煌灯火映照着建康城的悠远历史，古色古香的秦淮人家承载着她的旧时遗梦。

推开城门，抖落一地灰尘，一阵古老的气息迎面而来。那些瞬间飞扬的尘埃，正是建康自古藏匿的一段段风流韵事。

“江雨霏霏江草齐，六朝如梦鸟空啼。”六朝的兴旺与衰败，城里的繁华与落寞，都是时间在这座城里留下的印记，永不消磨。“山水横拖千里外，楼台高起五云中。”她曾是曹雪芹笔下繁盛的金陵城。十里秦淮传来千年的脂粉香，一部红楼不知滞留了多少行色匆匆的脚步。

不论是来过建康的人，还是正在路上奔走的人，都会觉得建康城如同一个悠长的梦，一个只属于江南的梦。她诗意古老，朴素宁静，从容地走过四季，从容地看淡悲欢离合，亦从容地接纳来往的过客和他们所带来的不同情怀。

光阴宁静，就像城里的秦淮河一般，一路缓缓走来，不曾有惊涛骇浪，只有平淡安稳。一条小船慢悠悠地在河里穿行。撑船人戴着斗笠，穿着一袭蓑衣，站在船头轻轻重重地摇桨。三变坐在船里，手执一壶佳酿，一边品尝壶中美酒，一边欣赏两岸风景，如痴如醉。

老去的时光，在木桨惊动的水波中微微荡漾。秦淮巷陌里，仿佛一眼就能看到建康久远的历史。柳三变置身在这样一座城市里，难免会被这里的一景一物牵动衷肠。

古繁华茂苑，是当日，帝王州。咏人物鲜明，土风细腻，曾美诗流。寻幽。近香径处，聚莲娃钓叟簇汀洲。晴景吴波练静。

万家绿水朱楼。

凝旒。乃眷东南，思共理，命贤侯。继梦得文章，乐天惠爱，布政优优。鳌头。况虚位久，遇名都胜景阻淹留。赢得兰堂酝酒，画船携妓欢游。

建康城很大，亦很小。大则容得下各朝各代的历史风云，文化遗迹。小则不过平凡人的一生，平淡朴实。但对于一个过客来说，停留在有着“江南佳丽地，金陵帝王家”之称的建康城里，不论是乘船还是漫步，皆是风景。

小船平稳前行，速度足以让三变细细观察周边的美景。坐在船上的三变，看着两岸的景物，虽如诗如画，但也有些许斑驳的痕迹，不由得想起一首唐朝诗人刘禹锡的《乌衣巷》。

“朱雀桥边野草花，乌衣巷口夕阳斜。旧时王谢堂前燕，飞入寻常百姓家。”朱雀桥边的野花几度花开花落，年年岁岁，一如往日的模样。乌衣巷口的夕阳，每天都在落下，时间久了，便多了些岁月的温度。只是物是人非，曾经富贵荣华的王公贵族之家，早已淹没在秦淮河深深的河水里。如今踏入门中的，不是当初的达官贵人，而是盛世里平凡的百姓。

时间久了，什么都会发生。沧海可以变成桑田，过去寸草不生的地方，也可变成当下繁华鼎盛的都市。那些曾经烜赫一时的达官贵族，如同过眼烟云，风一吹便散了。三变在心中暗暗思索，自己苦苦执着的仕途，竟还不如眼前的风景一般豁达。

无疑，这是一个人在失意的时候才有的想法。毕竟在对待求不得的人事时，在未得到之前，心中总是有着许多执念。关于梦想，人们总是一边执着地想要去追寻，一边又告诉自己要看淡人生的得失。许多时候，他们都在心中苦苦挣扎，难堪其中痛楚。

三变的心中虽想着纵情山水，但在这次漫游江南的过程中，每每经过一个地方，他还是会给当地的地方官呈上一首投献之词。杭州如是，扬州如是，建康亦如是。

三变行吟山水之间，道尽江南美景。在描写建康之时，一如此前的投献词，尽是称赞。以至于后来的读者在吟诵之时，竟觉得心境格外开阔。

“古繁华茂苑，是当日，帝王州。咏人物鲜明，土风细腻，曾美诗流。”三变在这座旧时的帝王州流连了数日，从城南到城北，去看了玄武湖，又去登临了古城墙。数日间，他感受到了来自这座城市的冲击。

民风淳朴，一如江南的温柔。文风昌盛，历朝历代的俊美诗文在这里繁衍生息。这是座繁盛悠久的城市，亦是座柔情细腻的城市。

“寻幽。近香径处，聚莲娃钓叟簇汀洲。”三变原想着寻找一处清幽之地，避开喧嚣的市井，静下心来，细细聆听建康的自然之音。香径幽幽，三变漫步其间，十分悠然自得。不知不觉间，就走到了小径的尽头，却看到另一番景象。

画眉似的一池湖水上，开满了莲花。池中锦鲤在荷叶底下游来游去，岸边上孩子成群结队，正争着抢着给池中的鱼儿喂食，但这一切仿佛丝毫不影响正垂钓的老叟的闲情逸致。三变在想，这不正是五柳先生笔下的世外桃源么。

在这个世外桃源里，春天姹紫嫣红，莺飞燕舞，夏天竹风穿庭，碧荷生香；秋季落霞孤鹜，秋水长天，冬天素雪纷飞，寒梅傲枝。一年四季，各有千秋。

“晴景吴波练静。万家绿水朱楼。”晴空之下的建康城，笙歌香软，风骨秀美。千家万户围绕在秦淮河畔，世代传承。万家烟火之下，是淳朴的民风，是安居乐业的百姓。

“凝旒。乃眷东南，思共理，命贤侯。继梦得文章，乐天惠爱，布政优优。”美景旖旎诱人，秦淮河轻烟扰梦。建康城位于北宋的东南腹地之上，在贤明清官的治理之下，政通人和，蒸蒸日上。唐代诗人刘禹锡和白居易在此地为官时，都曾留下传世的文章和傲人的政绩。

在看到繁华如是的建康城后，三变的一颗求仕之心日益膨胀，他的心思在这首《木兰花慢》中被彰显得淋漓尽致。

“鳌头。况虚位久，遇名都胜景阻淹留。赢得兰堂酝酒，画船携妓欢游。”三变想起昔日在汴京的文友们，一个个平步青云，步步高升，成为宋仁宗面前的良卿名臣。再看看自己，年近半百，仍旧孑然一身，只能提笔运词，仕途却毫无起色，心中着实有诸多酸楚和落寞。

名都胜景滞留了三变的脚步，兰堂酝酒散尽他的愁绪。流瓦粉装的画船上，一位丁香歌女，正在船边临水照花。他想要登上画船，与她一起欢游。从此窗扉开启，世间的浮名，会迎着河风，一点点消散。

脉脉秦淮，悠悠不尽，见证了六朝更替，也见证了六朝帝王的欢乐与悲伤。然而流水无情，它不管世间的繁华与落寞，相聚与离散，只顾自己一往无前地流淌。悲欢喜乐，早已被时光冻结在当事人的心间。

两鬓欲星返京都

别岸扁舟三两只。葭苇萧萧风淅淅，沙汀宿雁破烟飞，溪桥残月和霜白，渐渐分曙色。路遥山远多行役。往来人，只轮双桨，尽是利名客。

一望乡关烟水隔，转觉归心生羽翼。愁云恨雨两牵萦，新春残腊相催逼，岁华都瞬息。浪萍风梗诚何益。归去来，玉楼深处，有个人相忆。

——《归朝欢》

三变离开汴京已经十年了。这些年他在江南游历过许多地方。十年一梦，一晃而过。期间，他听过姑苏水乡的吴侬软语，赏过临安城的三秋桂子，十里荷花，体验过风流浪漫的扬州生活，还在古色古香的秦淮人家中流连忘返。

这些欢乐在三变漫游江南的日子中是分明的。每个地方都曾与他有着不言而喻的缘分。三变的诗情，非江南的风物不能尽其才，江南的风物非三变的才情不能极其妙。柳三变之于江南，如同鱼之于水。他挥一挥湖笔，江南的一石一木、一亭一寺便有了灵魂。江南之于柳三变，就像水之于鱼。不论何时何地，不论喜怒哀乐，皆成就了他多姿多彩的生命。

在这条漫长的时光旅行中，他在饱尝江南美景的同时亦收获了大量的词章。这些表达羁旅行役主题的词曲，在三变的所有作品中占据了三分之一。世人只看到他在遍历山水清欢后，留下一首首传世的词章，却忘了他还是一个穷困潦倒的落第举子。

他长期奔波于风尘之中，饱尝羁旅之苦。所以在漂泊江南的日子里，除了些许投献之作以外，他的作品大多还是表现江湖落寞、离别况味以及身世之感的。也因从一开始，他就是个愁苦的词人。

登临山水之时，看到气势恢宏、博大雄沉的景象，他想到的一定是浪迹异乡、飘零无依的旅人之愁。策马启程或渡口告别之时，他眼里的景物一定充斥着凄清荒凉之意。后人品评三变的这类词："往往冲破小楼深院的樊篱，把目光投向大自然。置身背景开阔又含凄清之意的秋景中，词人总能以苍凉的气氛，烘托沉郁的感情。"

世界太大，岁月太长，迷茫的只有自己。十年，对于一个处于知天命之年的词人来说，实在是太久了。江南的美景令三变沉浸其中，但盛世里的繁华亦勾起了他深藏内心的理想。

带着沉重的包袱出发，不管在前方将会遇见怎样的绝美风景，途中的道路只会变得更加泥泞。心里积存了太多的苦，每走一步都会沉陷。

五十岁，三变的人生已经走过大半的路程。关于梦想，他真的没有太多的时间去等待。转山转水，终究不是那个时代的正道。他缺失的，是一个难得的机遇。

“纷纷成败无凭准，自古道皇天不负有心人。”时值五十岁的柳三变，终于等到了这个梦寐以求的机会。

这一年的汴京是不同寻常的。京都里城的深宫高院之中，听政长达十一年的刘大后病逝，还政于仁宗。挥斥方遒，君临天下，本就是一个帝王的权利。刘太后去世，被掌控十一年的宋仁宗终于可以一一吐胸中怨气，圆梦亲政。

这一年，距离仁宗登上帝位，已过去十余年。十年蛰伏，他已从一个少不更事的傀儡小皇帝变成可以经天纬地、治理天下的实权君王。宋仁宗时代来临，这对整个宋朝来说是一个时代的转变，对每个宦海沉浮或十年寒窗的才子来说，亦是一次难得的机遇。

远在江南的柳三变听到汴京传来的这个消息，欣喜非常。一颗正在衰老的出仕之心终于再次怦怦跳动。

别岸扁舟三两只。葭苇萧萧风淅淅。沙汀宿雁破烟飞，溪桥残月和霜白。渐渐分曙色。路遥山远多行役。往来人，只轮双桨，尽是利名客。

一望乡关烟水隔。转觉归心生羽翼。愁云恨雨两牵萦，新春残腊相催逼。岁华都瞬息。浪萍风梗诚何益。归去来，玉楼深处，有个人相忆。

汴京，汴京，天涯海角有时尽，只有相思无尽处……

离别的时间越长，三变对那座遥远的汴京城就愈加思念。曾经的落寞与失意，随着时间的远去渐渐消散。十年之后，三变的心里剩下的只有无尽的思念。

不论时光走得有多远，回去的路还是来时的路。一如既往，不会因为朝堂的动荡而有所改变。

“别岸扁舟三两只。葭苇萧萧风淅淅。沙汀宿雁破烟飞，溪桥残月和霜白。”远处江岸上停着三两只小船，风吹芦苇发出细细的声音。水中沙洲上昨夜栖落的大雁受到惊吓，破雾而飞。天上一弯残月和溪桥上的晨霜上下辉映，发出冷暗的白光。

在外漂泊良久，一朝踏上归途，三变心中自是有诸多情绪的。他站在岸边看到此情此景，不由得心生一种悲凉之意。

“渐渐分曙色。路遥山远多行役。往来人，只轮双桨，尽是利名客。”曙色已分，东方渐白，道路上人们渐渐多起来了。

三变笔下之景全为萧瑟凄凉之景，三变笔下之人尽是追名逐利之人。水陆往来间的“利名客”们追名逐利，匆匆赶路。三变失意江湖，对羁旅生活早已厌倦。正同这群赶路的人一道披星戴月而行。这条路上，他们都是同样心怀抱负的逐梦人。

人到中年，看待事物的态度逐渐变得通透和淡薄，反而是汴京的记忆，时常浮现在三变眼前。

“一望乡关烟水隔。转觉归心生羽翼。”故乡关河相隔遥远，烟水迷茫，却是根本无法望见。无法望见而又不能归去，三变日夜受到思乡愁绪的煎熬，反转产生一种急迫的渴望心理，恨不能插上羽翼立刻飞回故乡。

离别的时间太长，思念已经禁不起延展。再不归去，思念的露水将会打湿三变的薄翼，无法飞翔。

“愁云恨雨两牵萦，新春残腊相催逼。”时序代谢，日月相催，新春甫过，残腊又至。汴京与江乡遥遥相隔，愁云恨雨牵萦着两地。三变自知旅居江南的时日已久，在飞逝的岁月面前，不免觉得年光逼人。

“岁华都瞬息。浪萍风梗诚何益。”江南再美，却美不过心里的归乡。羁旅生活像浮萍和断梗一样随水随风飘荡无定。三变深感这种毫无结果的漫游确是徒劳无益，从现实艰难的境况来看还不如归去汴京。起码在汴京“玉楼深处，有个人相忆。”

三变越来越清醒地意识到浪迹四方，孜孜以求的风景到头来不过是一场虚无，而他却以为此付出了十年的光阴。三变已经记不清，漂泊的生涯里，他得到过什么又失去了什么。十年漫游仿佛一场大梦，一切无须清算。

朝局变动，枯草重生。时光一片片剥落三变少年时的过往。零落凡尘，少年远游，爱妻离世，科举不第，纵情青楼，漫游江南……落下的记忆，收集着他几十年的云水漂泊、人生际遇。这一次，他毫不犹豫地重起曾经的梦想。匆匆策马，仓促行船，直指汴京。

第六章 一朝登科及第时

走过万水千山，见过百舸争流，年华都已老尽。十年寒窗，日夜苦读尚不能一举高中，谁又指望能在岁月逼人的天命之年封侯拜相呢？世事无常，不走到最后一刻，结局亦未有定数。有些人生，总是在山重水复之后，才得以见到光明。

触目伤怀成旧感

花发西园，草薰南陌，韶光明媚，乍晴轻暖清明后。水嬉舟动，禊饮筵开，银塘似染，金堤如绣。是处王孙，几多游妓，往往携纤手。遣离人，对嘉景，触目伤情，尽成感旧。

别久。帝城当日，兰堂夜烛，百万呼卢，画阁春风，十千沽酒。未省，宴处能忘管弦，醉里不寻花柳。岂知秦楼，玉箫声断，前事难重偶。空遗恨，望仙乡，一饷消凝，泪沾襟袖。

——《笛家弄》

三变一路上长途跋涉，历经数月，终于回到了曾遥遥相望的故乡，北宋的京都，汴京城。

这座城池里，有亲人关怀，有妻子等待，还有他熟悉的殿宇楼台，他牵挂的青楼知音。回到这里，他才发觉，原来一个人是这么需要温暖和安慰。

两度离别又回归，除了虚度的年华和笔下的词章日益增多，三变的人生似乎未有什么变化。仿佛是在原地转了个圈，站定之后，发现归来时的汴京，还是离开的模样。外城的城墙依旧雄伟高大，守护着城内的安定与繁华。瓦舍勾栏里依旧灯火通明，夜夜笙歌，直至天明方才散去。里城的庄严和权威一如既往震慑着这座城池，乃至整个北宋疆土。

十年离别，一朝回归，三变的心中自是五味杂陈，百感交集。看到旧时的书房，一如以前的模样，书架和书卷上竟没有一丝灰尘，便知道是那个被他冷落的妻子，每天打扫的成果。

秋芸，如果他记得没错的话，这是她的名字，是她为他诞下了一个儿子。三变虽然对秋芸没有鱼水之情，但是对他们的儿子却是疼爱有加。三变给他取名涚，字温之，望他以后温润如玉，清澈明朗。多年以后，柳涚确实没有辜负父亲的期待，一举高中，官至大理寺丞。较之三变，他的儿子是青出于蓝而胜于蓝。

秋芸知道三变对自己并无夫妻之情，也知道曾经有一个温柔体贴的女子出现在他的生命里。他们是夫妻，亦是知音。秋芸自知没有瑶姬知书达理，也没有青楼歌姬妖娆多姿。可作为一个女人，她始终是希望得到三变垂青的。

在三变离开汴京，漫游江南的日子里，她一个人撑起了这个家，将她与三变的儿子拉扯长大。她理解三变心中的苦闷和无奈，知道他一生所求的不过是科举及第，当一名好官。所以，三变的书房她每天都会打扫。她知，有一天他的夫君会归来，并且青云直上。

看到妻子的头发花白了大半，看到儿子每天出入学堂，研读经书，看到家中被妻子经营得这般好，三变心中顿时生出浓浓的愧疚之意。

一颗浮躁的心，终于被秋芸的贤良淑德所打动。这一次归来，三变对生活有了许多新的见解。漂泊的日子久了，他甚至想要将自己的感情，全部投入到这个被他冷落多年的，称之为家的地方。任岁月洗净风霜，掸去满身灰尘，而他只愿守着这座天堂，与家人在一起，平凡安稳地度过每一个今天。

世人说得没错，人生总是在不停地做选择，选择激情的岁月，就要忍受长久的离别。选择平凡的生活，就可以把日子过得细水长流。选择重新追寻仕途，五十岁，也不算太晚。

花发西园，草薰南陌，韶光明媚，乍晴轻暖清明后。水嬉舟动，禊饮筵开，银塘似染，金堤如绣。是处王孙，几多游妓，往往携纤手。遣离人，对嘉景，触目伤情，尽成感旧。

别久。帝城当日，兰堂夜烛，百万呼卢，画阁春风，十千沽酒。未省，宴处能忘管弦，醉里不寻花柳。岂知秦楼，玉箫声断，前事难重偶。空遗恨，望仙乡，一饷消凝，泪沾襟袖。

阳春三月里，春寒料峭，陌上百花缓缓盛开。城内街道上行人如织，车如流水马如龙。又是一年清明节，三变穿梭在这座比往日繁华更甚的汴京城里，看到一幕幕旧日里的景物，不免勾起暗藏心底多年的情愫。

熙熙攘攘的人们有说有笑地行走在京都的街道上，谁也看不见一个个洋溢着笑容的脸庞下，曾经是多么寂寞和绝望。如果街上的每个人都曾认真地活过，那么他们一定能够理解，一个年届五十的男人，为何站在街头，良久不愿移动脚步。

世界那么大，他在这里停留，也在为新的征程蓄力。

“花发西园，草薰南陌，韶光明媚，乍晴轻暖清明后。”清明过后，城西的园中和城南的陌上，到处鲜花盛开，青草繁茂。城里城外的空气中，时时散发出阵阵清香。韶光分外明媚，不温不火，这正是清明时节前后刚刚晴朗的大好天气。

最是一年春好处，绝胜汴京好韶光。对于一个刚刚归来的词人来说，再一次细赏汴京的春景，总归会牵出诸多旧时的情感。年少时为瑶姬搭的秋千架，早已被木虫侵蚀，腐烂了一地。百花灿烂，一如与玉英诀别的那年春天一般鲜明……

“水嬉舟动，禊饮筵开，银塘似染，金堤如绣。是处王孙，几多游妓，往往携纤手。”上古时代以“干支”记日，三月上旬的第一个巳日，谓之“上巳”。《周礼》郑玄注：“岁时祓除，如今三月上巳如水上之类。”魏晋以后，上巳节改为三月初三，逐渐成为水边饮宴、郊外游春的节日。

这一天的汴京城，水边船上大开筵席，席间人们嬉戏畅饮，吟诗作对。到处都能看见身着华服的王孙公子贪欢享乐，还有许多歌妓三五成群，呼朋引伴，往来穿梭于街道上，携手一起游玩。

“遣离人，对嘉景，触目伤情，尽成感旧。”三变独自站在岸边环望四周，看见水面鳞光闪闪，明亮如镜，堤坝上垂柳如烟，繁花似锦。眼前的景象，都是他离开汴京之前经历过的。曾几何时，那个坐在席间的公子哥儿，或有自己。如今归来再次看到，难免触景伤情。一时为北宋都城的强盛感到骄傲，一时又联想自身的落寞之境，唏嘘不已。

无奈等待的时间太长，回忆起来又太过短暂。

“别久。帝城当日，兰堂夜烛，百万呼卢，画阁春风，十千沽酒。”离开汴京的时日虽久，但记忆却很清晰。当年的三月三，微风满面，吹满船上篷帆，吹皱一池春水。三变和文友歌姬们在兰堂上屏烛夜饮，掷骰为戏。席间他们豪饮豪赌，一片哗然。

“未省，宴处能忘管弦，醉里不寻花柳。岂知秦楼，玉箫声断，前事难重偶。”当初沉浸在声色酒乐之中，是多么的风流快活。却未预料过，归来之时，再难和以前的佳人重逢相聚。

想到这里，三变竟有些落寞，当初的自己是多么潇洒风流，现今两鬓花白，抵不过流光飞逝，早已没了当年的英姿和心性。此时三变的心中，只有绵绵无尽的遗憾，遥望眼前的帝都，一时间怅然消魂，悲伤不已，泪落满衣襟。

再试科举中进士

东郊向晓星杓亚。报帝里，春来也。柳抬烟眼。花匀露脸，渐觉绿娇红姹。妆点层台芳榭。运神功，丹青无价。

别有尧阶试罢。新郎君，成行如画。杏园风细，桃花浪暖，竞喜羽迁鳞化。遍九阳，相将游冶。骤香尘，宝鞍骄马。

——《柳初新》

三变的人生，一如误闯进五柳先生笔下桃花源的武陵渔人，只有尝尽人情冷暖，穿过无尽的黑暗之后，才能看见一点希望，而后豁然开朗，渐入佳境。

得知朝堂动荡，他知道自己苦苦等待的机遇终于来了。那个曾经破灭的理想，终是在宋仁宗亲政后，又一次在他的内心深处生根发芽，一点点地成长。

此次回到汴京，三变没有去青楼楚馆寻欢享乐，没有去城外楼宇登高望远，更没有去见旧时文友，与之把酒言欢。而是每天蜗居在书房这一方之地内，捡拾梦想，重温万卷经书，为来年的科举考试做准备。

他说年届五十，是要知晓天命，而非听天由命。一个满腹才华的人，只要遇见一个合适的机遇，便一定能够扶摇万里。

仁宗亲政后做的第一件事就是亲贤臣远小人。耗费数月时间，他罢免了刘太后生前扶持的一众亲信重臣，并将昔日里因奏请刘太后还政仁宗不成，而被罢黜的范仲淹等良臣召回汴京，委之重任。

一颗济世安邦的仁心之下，暗藏着满腔开创盛世的凌云壮志。肃清刘太后党羽之后，他一改执政风格，宽厚待人，体恤子民。《宋史》记载：“（仁宗）亲政，裁抑侥幸，中外大悦。”诚然如是，北宋在宋仁宗时代发展到鼎盛。是他开创了史上又一个清平的盛世。

一个蒸蒸日上的时代，确实会催发百姓不由自主地为之高歌。盛世里的清平，总是会激发人们追寻梦想的勇气。

除了重组朝臣班子，仁宗还极为重视人才的选拔。亲政之后，他特设“恩科”，增加科举考试录取的名额，为那些屡试不第的才子们另辟蹊径。这对三变来说，确是一个实现出仕的捷径。

《宋史》记载，宋仁宗曾发布诏书：“乡学之士益蕃，而取人路狭，使孤寒栖迟，或老而不得进，朕甚悯之。其令南省就试进士、诸科六举；尝经殿试，进士三举、诸科六举；及尝预先朝御试，虽试文不合格，毋辄黜，皆以名闻。”无疑，这是北宋开国以来，最为宽仁的一次科考。

山重水复疑无路，柳暗花明又一村。三十年过去了，三变终于等到了科举的春天。白首之年，得见曙光。这一次，他终于抓住了时光的尾巴，登科及第了。所有被抛散的浮名，尽数归来，安然无恙。

天命天命，原来是天子之命。三变的一生都在被仁宗有意无意地拨弄着。他曾以一首《鹤冲天》激怒仁宗，赵祯皇帝一气之下说出“且去填词”的话语。轻飘飘的四个字，便撞碎了三变的出仕之梦，让他做了三十多年的白衣卿相。如今仁宗雄鹰展翅，再也不会被刘太后束缚双翼。无意间的恩德，又成了三变的实现梦想的助推器，让他从此别水骑马走官桥。

东郊向晓星杓亚。报帝里，春来也。柳抬烟眼。花匀露脸，渐觉绿娇红姹。妆点层台芳榭。运神功，丹青无价。

别有尧阶试罢。新郎君，成行如画。杏园风细，桃花浪暖，竞喜羽迁鳞化。遍九阳，相将游冶。骤香尘，宝鞍骄马。

唐代诗人孟郊一生参加过三次科举考试，前两次均名落孙山。落寞如他，才写下“两度长安陌，空将泪见花”的伤世之句。当他还在思索何时才能“报得三春晖”之时，他的双脚便又踏上了奔赴长安的征途。苦心人终不负，第三次科考放榜那天，黄金榜上终于有了孟郊的名姓。

朝为田舍郎，暮登天子堂。得知自己及第的孟郊，又反反复复、仔仔细细地盯着自己的名字看了许久，像是一不小心便会落下一般。

羽化升天，是修行之人梦寐以求的得道之时。鲤跃龙门，亦是平凡人成就事业的唯一出路。孟郊一想到终于可以摆脱多年的布衣身份，就兴奋不已。一时兴致大发，便写下了为后人传诵千万世的《登科后》。

昔日龌龊不足夸，今朝放荡思无涯。

春风得意马蹄疾，一日看尽长安花。

斗柄东指，天下皆春。孟郊的春天如约而至，三变的春天亦不期而遇。一个是春风得意，一个是成行如画。

“东郊向晓星杓亚。报帝里，春来也。”那是初春的某个清晨，天色渐白，京城东郊的天空出现了醒目的北斗星。年届五十的三变刚刚考取进士，走在京都的春陌上，开心得像个少年郎。

“柳抬烟眼。花匀露脸，渐觉绿娇红姹。妆点层台芳榭。”柳叶新绿，如睡眼初展，出生于烟雾迷梦中；花噙露珠，迎风绽放，宛如美人脸上施了一层薄薄的粉。整个大宋因春天的到来而姹紫嫣红，到处是生机勃勃的景象。

登科后的三变，心性瞬间回到了数十年之前，信心满满，潇洒自在。如汴京护城河里的小鱼一般，被飘落在一河春水的花儿惊扰，兀自游来游去。一个人在心情开阔时，眼里所看见的景物，自是格外辽阔的。

汴京城的春天是如此美好，绿娇红姹的花草树木最是动人，把高大的台榭装点得分外美丽。春景依旧，看风景之人的心情却大大不同。三变深深地沉醉在眼前的春景里，心中勃发的欢喜也层层攀升，不自觉地感慨道："运神功，丹青无价。"大自然是如此鬼斧神工，创造了这般绚烂多彩，充满生机的美好季节。

"别有尧阶试罢。新郎君，成行如画。杏园风细，桃花浪暖，竞喜羽迁鳞化。"刚刚结束殿试的新科进士们陆续从威严的皇宫里走出来，一个个风度翩翩，俊美风流，如鱼得水，在这春光大发的阳春三月里，邂逅了一场被称之为梦想的花事。

他们得仁宗眷顾，被邀请游览皇家的琼林苑。只见园中春风习习，水波涟涟，满苑的杏花被清风吹得漫天飞舞，仿佛也在为他们的及第而庆祝。

在这春光乍泄的琼林苑中，他们与景同醉，如道士羽化升天，如鳞鱼一朝化龙，与这繁花似锦的春天一起构成了一幅绝美的仕子游园图。

"遍九阳，相将游冶。骤香尘，宝鞍骄马。"游园之后，三变他们意气风发地跨着宝鞍骄马，气度非凡地游走在汴京的街道上。行过之处，满城香尘腾起朵朵浮世之花，为之欢呼。

三变倾尽半生致力于举业，如今一朝梦圆，拿到了进入官场的入场券。门内风景如何尚未知晓，但他知道黄金榜上的柳三变，没有辜负自己。

睦州为官得声名

暮雨初收，长川静，征帆夜落。临岛屿，蓼烟疏淡，苇风萧索。几许渔人飞短艇，尽载灯火归村落。遣行客，当此念回程，伤漂泊。

桐江好，烟漠漠。波似染，山如削。绕严陵滩畔，鹭飞鱼跃。游宦区区成底事，平生况有云泉约。归去来，一曲仲宣吟，从军乐。

——《满江红》

柳三变于仲春时节及第，经过礼部的一些繁文缛节后，他被仁宗授命为睦州团练使推官。在北宋，这是一个地方幕僚官，位居判官、掌书记之下，地位不高。平日里的事物主要是辅佐地方官处理府务，整理簿书文册。

三变在得知自己被任命为这样一个芝麻绿豆大的小官后，心中或多或少有些怨念，但他一想到曾经的自己用尽了多少气力，耗费了多少光阴，才得到如今的官职，又觉得更应倍加珍惜才对。他相信自己的才华，即使位居推官一职，也一定能做出一番成绩来。毕竟，不夯实地基无以起高楼，在漫漫官道上亦是如此。

睦州位于浙西一带，古时被称之为桐庐郡，地域辽阔，涵盖今日的桐庐、淳安等地区。这里是三变漫游江南时涉足过的地方。睦州辖地山川秀美，如诗如画，有着绝佳的风景。

曾经范仲淹因反对宋仁宗执意废除郭皇后一事，向其谏言而遭贬谪，下放之地正是睦州。好在这里还有一城的好风景，来慰藉这位“先天下之忧而忧，后天下之乐而乐”的政客。

范仲淹治下的睦州，民风淳朴，文风昌盛。由此他也得到了百姓和上下级官员一致好评。风评传到皇宫大内，仁宗在深感欣慰的同时又不愿拉下面子，只好将范仲淹调到苏州任知州一职。如此一来，也算人尽其才。

仲夏时节，簟纹如水帐如烟。三变携着妻儿自汴京出发，奔赴千里去睦州上任。途经苏州时恰巧碰到自睦州而回的范仲淹。邂逅这样一个大政客、大文豪，三变激动不已，一时技痒，写下一首《瑞鹧鸪》赠予范仲淹。

三变在词中极尽华词，一边赞扬苏州美景，一边歌颂范仲淹的政绩。其中一句“旦暮锋车命驾，重整济川舟”最得范老之心。三变相信以范仲淹的才华，总有一天会重回汴京任职。待到那时，就是这“万树桃花月满天”的苏州城也不能滞留他返京的脚步。

途经苏州后，三变一行人继续南下，不日便抵达了睦州。

接替范仲淹担任睦州知州一职的人是吕蔚，他的父亲曾是宋真宗时期的宰相。子成父荫，虽然吕蔚没有其父一样的成就，但也是一个难得的清官。三变此次赴任睦州，就是协助吕蔚处理府务。

兜兜转转，奔波千里，三变还是回到了江南。自从到睦州上任后，三变一改浪子本性，兢兢业业地做好分内之事。三变的真才能干颇得吕蔚的赏识，仅一个月的时间，吕蔚就向朝廷破格举荐，想让仁宗提拔三变到更高的官职。

然而一个曾经浪迹青楼多年的人在朝廷一众官员眼里的德行始终好不到哪里去。负责官员考核和升迁的郭劝看到吕蔚的举荐信，不仅极力反对还出口诋毁道："睦州团练推官柳三变，释褐到官才逾月，未有善状，而知州吕蔚遽荐之，盖私之也。"

这件事在汴京朝堂引起了不小的轰动，文官们对柳三变非议不断，传说朝廷为此特地颁发了一道诏书："幕职州县官，初任未成考者，毋得奏举。"初次为官的人，即使是幕职州县官，不做满三年任期，不得为其举荐。此后，这项规定一直沿用到宋朝灭亡。

时运不济，命途多舛。三变的升官之愿就此破灭，五十多岁的他还需要等待三年的时间，才能被调遣。殊不知，此后多年里他都在幕僚一职上原地踏步。

得知此次升官无望的柳三变有些许失意，独自一人来到睦州辖内的桐江游玩。一场暮雨，将漫天的烦闷之气洗劫一空，也淋湿了一个失落官员的玻璃心。

暮雨初收，长川静，征帆夜落。临岛屿，蓼烟疏淡，苇风萧索。几许渔人飞短艇，尽载灯火归村落。遣行客，当此念回程，伤漂泊。

桐江好，烟漠漠。波似染，山如削。绕严陵滩畔，鹭飞鱼跃。游宦区区成底事，平生况有云泉约。归去来，一曲仲宣吟，从军乐。

三变人生中邂逅的雨天，确实要比晴朗的日子多得多。当年与瑶姬诀别时，是在一个“骤雨初歇”的傍晚，游学潇湘时亦是在一个“望处雨收云断”的秋天里。雨，代表着无限愁思，恰应了一个词人生命里的一个个雨季。

“暮雨初收，长川静，征帆夜落。临岛屿，蓼烟疏淡，苇风萧索。”暮色微凉，雨后的桐江一片寂静，色如碧玉。远征的航船靠岸停泊，在夜色下如花闭落。三变站在船边，一眼望到对面的岛屿上水蓼稀疏雾霭寒凉，秋风瑟瑟拂过芦苇，发出阵阵萧索的响声。

三变分明地看见，这个季节的凄凉与凋零紧紧地包围着对面的孤岛。他也深陷其中，难以挣脱。

“几许渔人飞短艇，尽载灯火归村落。遣行客，当此念回程，伤漂泊。”原本寂静冷清的景象被几个渔人的小船瞬间打破，他们在夜色中倾力划船，轻快地穿梭在江面上，只为更快地登岸回家。岸上每个家中的微暗之光，都温暖地照亮了夜行人归家的道路。这一刻，三变眼里充斥的只有家、亲情和守候。

梦想之花虽然已经绽放，但是却没有开出理想的颜色。梦想与现实之间，总是存在着一道不可逾越的鸿沟。想到这里，三变不禁神伤，心中顿时生出一阵归隐之意来。

桐江上烟波浩渺，碧波似染，两岸的山峰如刀削一般，景色十分美丽。三变所乘之船一路西行，很快行至严陵滩。

想那严陵滩曾是东汉光武帝刘秀年少时的同窗严光的隐居之地。刘秀称帝后，曾再三邀请严光出仕，甚至以谏议大夫的官职相请。但严光生性潇洒，不愿受宫中礼节拘束，便隐姓埋名来到了桐江，只愿做一名严陵滩畔的垂钓人。

范仲淹在此地为官时曾主持修建了严光祠堂，并有诗文："云山苍苍，江水泱泱。先生之风，山高水长。"范老给予了严光极高的评价。

途经严光归隐之处，三变感觉身心俱疲，突然间白鹭悠然南飞，鱼儿自由跳跃。见此情景，三变的归隐之意愈加浓烈。

"归去来，一曲仲宣吟，从军乐。"仲宣从军实苦，陶潜归隐悠然。梦想和现实的距离让三变偶感失落，既然明主未能慧眼识得自己的才华，莫不如学习五柳先生归园去也。

"长恨此身非我有，何时忘却营营？小舟从此逝，江海寄余生。"数十年后，又有一个词客站在桐江畔应和着相同的情绪。青山无言，流水有声，心底的共鸣在严陵滩畔发出声声回响。时隔数十载的柳三变和苏轼，在大宋的官道上，都曾走得太过吃力。

耆卿才调关民饮

煮海之民何所营，妇无蚕织夫无耕。衣食之源太寥落，牢盆煮就汝轮征。

年年春夏潮盈浦，潮退刮泥成岛屿。风干日曝咸味加，始灌潮波塯成卤。

卤浓碱淡未得闲，采樵深入无穷山。豹踪虎迹不敢避，朝阳山去夕阳还。

船载肩擎未遑歇，投入巨灶炎炎热。晨烧暮烁堆积高，才得波涛变成雪。

——《煮海歌》节选

三变自知三年内升官无望，便也安心居于睦州做一名推官。平日里协助吕蔚将府务处理得井井有条，闲暇时常邀几个文友一起遍游山水，饮酒填词。在睦州这个春山如笑，秀色可餐的小城里，三变的日子过得相当悠闲，是以前漂泊的日子里不曾有的一份安稳。

不曾想，待到三年期满之时，朝廷的一纸调令却打破了三变平静美好的生活。仁宗并没有忘记远在睦州还有一个白发苍苍的柳三变。或是要给予他更多的试炼，这一次仁宗也并未给三变升官，而是将他平级调遣去做余杭县令。

“驱驱行役，苒苒光阴，蝇头利禄，蜗角功名。”三变奉命启程，此去之后，再不曾重回睦州。这一年，三变已经五十四岁了，他早已看淡浮名，也不想为无谓的结果做过多的挣扎。只是在睦州过惯了安逸的生活，再次踏上征途时，身心倍感无力。

余杭故地，风姿依旧，三变从此地重新开始一切事物。他两袖清风，克己奉公，每日里勤勉政务，用心耕耘着余杭的每一寸土地。不到半年便将余杭一地治理得五风十雨，天平地安。三变成了最受余杭百姓尊敬爱戴的父母官。

《清代嘉庆徐杭县志》记载：“柳永字耆卿，仁宗景祐间余杭令，长于词赋，为人风雅不羁，而抚民清净，安于无事。百姓爱之，建玩江楼于溪南，公余啸咏，有潘怀县风。”这是对三变在余杭任官时的极大肯定。

人生天地间，忽如远行客。匆匆寄一世，奄忽若飙尘。生活在一个皇权集中制的封建时代，尤其是为官人的命运，从来就没有掌握在自己手中。三变在余杭县任职不过大半年的时光，又被朝廷的一道调令派往泗州做推官。

又是一次平级调遣，三变又一次踏上旅途。从一个驿站奔往另一个驿站，除了辗转的辛苦，他感受不到任何的希望。两年后，朝廷又将三变从泗州推官调任浙江定海晓峰盐场盐监。

此时的他，对仕途早已心灰意冷。他的逐梦之心，随着一次次的调遣逐渐变得意兴阑珊。

他自知若是天子想重用于他，便不会将他在同一级职位上调来调去。他不愿悲伤，却也无力救赎。

“盐监”一职是宋朝设立的负责监管盐场运作的行政长官。若说三变此前的职务是只需在府衙内静坐就能处理好的话，那么这一次，却是开拓了他做官以来的新领域，令他看见了什么才是真正的民间疾苦。

煮海之民何所营，妇无蚕织夫无耕。衣食之源太寥落，牢盆煮就汝轮征。年年春夏潮盈浦，潮退刮泥成岛屿。风干日曝咸味加，始灌潮波塯成卤。卤浓碱淡未得闲，采樵深入无穷山。豹踪虎迹不敢避，朝阳山去夕阳还。船载肩擎未遑歇，投入巨灶炎炎热。晨烧暮烁堆积高，才得波涛变成雪。自從潴卤至飞霜，无非假贷充餱粮。秤入官中得微直，一缗往往十缗偿。周而复始无休息，官租未了私租逼。驱妻逐子课工程，虽作人形俱菜色。鬻海之民何苦门，安得母富子不贫。本朝一物不失所，愿广皇仁到海滨。甲兵净洗征轮辍，君有余财罢盐铁。太平相业尔惟盐，化作夏商周时节。

晓峰盐场建在舟山群岛附近，四周环海。涨潮时汹涌澎湃，有如万马奔腾、千帆竞渡，潮落时碧海无波，波澜壮阔，景象十分壮观。三变每每站在海边见此情景，却提不起多大的兴致。毕竟他已不是曾经那个意气风发的翩翩少年。

茫茫大海无边无际，潮涨潮落不过是人生百态，时光无情悄然而去，有意留下的只剩词人心里一道道深深的凹槽。三变的心中曾经也有一片海，少时风起云涌，浩浩荡荡，装得下满腹经纶，亦承载得了无限柔情。

如今归于平静，他倒有些迷茫。愕然发现清平时代尚有许多百姓正处于水深火热之中，三变不知曾为之奋斗多年的政事，是否真的有过成效。

不同于平常百姓男耕女织的生活，盐民的一生最是凄苦。他们整日浸泡在海滩上的泥泞中，只为了谋一条生路。利泥、灌湖、采樵、溜卤、煮盐，盐民们耗费了大量的时间和精力，才能制出符合官府要求的盐粒。他们本以为能依靠这些千辛万苦才制出的盐换来家中温饱，却不想最后依然落个衣衫褴褛、食不果腹的境遇。

盐在古代属于稀缺资源，又是人们日常生活中的必需品。朝廷控制盐的流通对稳定民心大有好处。明朝政客王铎曾言："笼天下盐铁之利，则军帅无侵渔，遵行无绝饷，而中国可高枕矣。"所以盐铁的买卖权被朝廷紧紧地掌控在手中。

北宋时，盐的赋税太过沉重，官员对盐民的报酬层层剥削，私盐买卖又被纳入违背《盐法》之列。盐民们辛辛苦苦制出的盐放了半载，才等来官府前来收购，而赋税年年增加，报酬年年减少，甚至连温饱都不能满足。

"鬻海之民何苦门，安得母富子不贫。"三变一直认为朝廷是百姓的父母，本应庇佑天下子民，让他们在这个海晏河清的盛世里安居乐业，不受惊扰。三变不明，为何现在的朝廷失了本心，让本该辛勤一生、乐守一方的子民，变成穷困潦倒的悲惨模样。

不久之前，三变的词作还在大肆赞扬北宋王朝的富足与伟大，如今成为晓峰盐场的盐监他才明白，有些失望与愤怒，一直被他藏在心底。

不得不说，三变的这首《煮海歌》把北宋时盐民的苦不堪言的生活描写得淋漓尽致。不是赞颂，不是歌咏，也不是似之前一般一味地发愁，而是作为一名大宋的官员在真诚地为民请命。

清朝文人朱绪曾《昌国典咏》卷五极称三变这篇《煮海歌》"洞悉民疾，实仁人之言"。并有诗说："积雪飞霜韵事添，晓风残月画图兼。耆卿才调关民隐，莫认红腔昔昔盐。"这是朱绪曾对《煮海歌》的评价，亦是对三变的赞扬。

在底层的官宦生涯中，在晓峰盐场纯白的世界里，三变留下了满腔愤懑和两袖清风。千年之后，我们在咀嚼着咸咸的海盐时，或许还能想起，柳七郎在晓峰盐场倾注的热血与期望。

一朝改官著作郎

露花倒影，烟芜蘸碧，灵沼波暖。金柳摇风树树，系彩舫龙舟遥岸。千步虹桥，参差雁齿，直趋水殿。绕金堤，曼衍鱼龙戏，簇娇春罗绮，喧天丝管。霁色荣光，望中似睹，蓬莱清浅。

时见。凤辇宸游，鸾觞禊饮，临翠水，开镐宴。两两轻舠飞画楫，竞夺锦标霞烂。罄欢娱，歌《鱼藻》，徘徊宛转。别有盈盈游女，各委明珠，争收翠羽，相将归远。渐觉云海沉沉，洞天日晚。

——《破阵乐》

有人说，曾经失去的东西终有一天会以另一种方式归来。因为上天不会坐视任何一个人饱受磨难而不能脱离苦海。凤凰如若不死，以后必定涅槃，说的就是这个道理。

三变在晓峰盐场任官大半年，却像是待了数年之久。为了解决盐民们每日辛苦煮盐却不得温饱的问题，他日夜操劳致使疾病缠身。久病不愈，便改名为永，字耆卿，希望早日摆脱病痛，年岁绵长。

名字里的乾坤博大精深，古人认为一个人的名字与其命运紧密相连。孙子曰："名不正，则言不顺。"严复也曾说："一名之立，旬月踟躅。"是如此，柳三变已是前世，柳永才是今生。

改名之后的柳永，命运也截然不同。在晓峰盐场任官半载有余，柳永便被吏部推荐去京城参加殿试。

"千淘万沥虽辛苦，吹尽黄沙始到金。"他终于等到了仕途的春天。为官多年，他一直保持着嫉恶如仇，敢打敢斗的处事方式，是为北宋宦海中的一股清流。宋仁宗看在眼里，也记在心里。只是作为一个经天纬地的君王，又如何能轻易被人看透心思。他们都在等，等待一个合适的机会，相遇相知。

殿试之后，柳永的官职一跃五阶，被仁宗提拔为正八品著作郎，授西京陵台令兼永安知县。陵台令是管理宋历代皇帝陵墓的祀官，众臣子皆明白，时下若任此官，则意味着将要被仁宗重用。果真三年之后，柳永又被仁宗提拔做了太常博士，在京城差遣。

槐树开花，香满一夏，柳永的仕途也从明媚的春天步入了繁盛的夏天。他从未想过在这个年纪梦想之花还能绽放，也未想过有生之年还能重返汴京，与心中的故乡再次相遇。命运总在意料之外，总是在柳永觉得最不可能的时候，给予其一片明净的天空。

在京城差遣，是他毕生的梦想。再次回到这里，他不是那个碌碌无为的落寞举子，也不是整日醉酒于秦楼楚馆的风流过客，他是太常博士柳永，是那个为仁宗看重的大臣，是那个被百姓尊重的高官。

这两年在汴京，是他人生中最得意最幸福的时光。他的词作里对脚下的汴京城，除了歌咏便是赞颂。

露花倒影，烟芜蘸碧，灵沼波暖。金柳摇风树树，系彩舫龙舟遥岸。千步虹桥，参差雁齿，直趋水殿。绕金堤，曼衍鱼龙戏，簇娇春罗绮，喧天丝管。霁色荣光，望中似睹，蓬莱清浅。

时见。凤辇宸游，鸾觞禊饮，临翠水，开镐宴。两两轻舠飞画楫，竞夺锦标霞烂。罄欢娱，歌《鱼藻》，徘徊宛转。别有盈盈游女，各委明珠，争收翠羽，相将归远。渐觉云海沉沉，洞天日晚。

北宋年间，每年三月初一后，汴京城的百姓们便开始踏青寻春，皇帝也会携一众妃子和王公大臣们出宫去往金明池和琼林苑赏春游乐，举行禊饮宴。被提拔为太常博士后，柳永也参加了来年的禊饮之宴。耆卿激动之余，也未曾忘了要填词一首，博取仁宗欢心。

“露花倒影，烟芜蘸碧，灵沼波暖。”鲜花寒露带雨，在金明池上浮现清晰的倒影，碧草悠悠，笼罩在一片淡淡的烟雾之中。一阵微风迎面而来，吹暖一池春水，也拂动了游人的一颗春心。

柳永不是画家，却轻轻松松勾勒出阳春三月里金明池那温暖和煦的早晨。寥寥数字之下，是一个沧桑词人几十年的沉淀与功底。大词人苏轼也曾称赞：“山抹微云秦学士，露花倒影柳屯田。”柳永和秦观一样，只用几个字，便能将风物极尽描摹出来。

“金柳摇风树树，系彩舫龙舟遥岸。”一树树金黄的杨柳迎风摇曳，是大自然的成就。远远望去，树下系着一艘艘色彩艳丽的龙舟，那是人工的造巧。

金柳彩船，遥隔对岸。这春天的盎然生意，亦是北宋皇室不凡的气象。

“千步虹桥，参差雁齿，直趋水殿。”只见一座石桥飞架于池上，如彩虹凌波而起。桥上的台阶高低排列如雁齿般整齐，一直通到池中的五殿之上。何其雄伟，何其壮丽。

此句所云，几乎写实而又有文采，将池上石桥写得活灵活现，一如《东京梦华录》中记载的一般绚丽：“仙桥，南北约数百步，桥面三虹，朱漆阑楯，下排雁柱，中央隆起，谓之骆驼虹，若飞虹之状。桥尽处，五殿正池之中心。”

“绕金堤，曼衍鱼龙戏，簇娇春罗绮，喧天丝管。”宴会上乐声喧天，柳永独坐一席，最细心不过。他看见金明池边百戏花样繁多，到处聚集着衣着华丽的女子闹春娱乐，不禁感叹这盛世的繁华。

但见这景色华美，云气焕彩，柳永觉得眼前的金明池就像是唐朝的蓬莱池一样清澈明朗。

“两两轻舠飞画楫，竞夺锦标霞烂。罄欢娱，歌《鱼藻》，徘徊宛转。”仁宗乘坐龙辇出游，在进行了为民祈福的祭祀活动后，大摆与民同乐的御宴。宴会上歌舞升平，极尽欢娱，金明池中双桨飞举，龙舟竞渡。那代表胜利的锦标就像彩霞般鲜艳。

“别有盈盈游女，各委明珠，争收翠羽，相将归远。”时有姿态轻盈，佩戴明珠的佳丽们，正争着去捡拾河岸边的翠羽，最后相携尽兴而归。柳永见此情景，不免伤感，想起了自己年轻时的故事。那些被他轻负在时光里的风尘女子，终究不过人生旅途中的一场烟火，炫极一时，而后两两相忘。

不知不觉间日子已近傍晚时分，云海沉沉，弥漫空际，白日里汴京的繁华逐渐谢幕。华灯初上，深邃辽阔，夜晚的京都恰如柳永的人生，岁至暮年，一切才刚刚开始。

两年身居高位，两年春风得意，已经让那个“时运不济，命途多舛”的柳三变彻底变成了故人，现在只有柳永，后世也只有柳永。

可怜一曲醉蓬莱

渐亭皋叶下，陇首云飞，素秋新霁。华阙中天，锁葱葱佳气。嫩菊黄深，拒霜红浅，近宝阶香砌。玉宇无尘，金茎有露，碧天如水。

正值升平，万几多暇，夜色澄鲜，漏声迢递。南极星中，有老人呈瑞。此际宸游，凤辇何处，度管弦清脆。太液波翻，披香帘卷，月明风细。

——《醉蓬莱》

被仁宗提拔为太常博士后，柳永的人生如雨过天晴一般，生命中处处充满了阳光。不论是大宋的官场还是词坛，他都占据了重要的一席位置。

那时候，人们都认为官位的高度便是人生的高度。这种思想无疑是有失偏颇的，但从那个时代的角度思量，官位越高，见到皇帝的机会就越多，所有的才华都能被那个至高无上的天子看见。此前上天给柳三变的机会实在太少了，此后柳永不会放弃任何一次机会。

升官第二年的元宵，柳永极尽华词写下一首《倾杯乐》，深受人们喜爱，不久之后传入大内，宋仁宗看到后龙颜甚悦，尤为喜爱“会乐府两籍神仙，梨园四部弦管”一句。陈师道《后山诗话》曾有记载：“仁宗颇好其词，每对酒，必使侍从歌之再三。”

官运亨通，词路畅达，岁至耳顺之年的柳永，人生一路的确顺风顺水，似乎不管做什么都能得到肯定，而最大的肯定是来自仁宗的赞赏。但谁又能说他不是最初的那个柳三变呢？

庆历二年晚秋，北宋的夜空中一颗老人星垂眷天际。晋朝《天文志》中说：“老人一星，在弧矢南，一名南极，常于秋分之旦见于丙，候之南郊，春分之夕没于丁。见，则治平，天子寿昌；不见，则兵起，岁荒，君忧。”

老人星象征着君王长寿，宋仁宗在听到司天台的奏报后龙颜大悦，认为这是祥瑞之兆，寓意着大宋千秋万代，永久昌盛。老人星高悬夜空，明亮闪烁，柳永也迫不及待地填词写曲，为这盛世写下一首首赞歌。

一曲《醉蓬莱》畅快淋漓，击缶朝代的节拍，极尽赞美之词，浓墨重彩地描绘了南极老人星的景象。他知道这是时代的赠予，也是自己的机遇。

渐亭皋叶下，陇首云飞，素秋新霁。华阙中天，锁葱葱佳气。嫩菊黄深，拒霜红浅，近宝阶香砌。玉宇无尘，金茎有露，碧天如水。

正值升平，万几多暇，夜色澄鲜，漏声迢递。南极星中，有老人呈瑞。此际宸游，凤辇何处，度管弦清脆。太液波翻，披香帘卷，月明风细。

一场微雨后，木叶慢慢落在岸边之上，白云悠悠飘在高山之巅，这是一个雨后初晴的晚秋时节。那华美的宫殿耸入云端，牢牢锁住一片葱茏的祥瑞之气。而香砌的宝阶旁边，新开的菊花深黄耀眼，一树树木芙蓉大肆盛开，浅红醉人。

“玉宇无尘，金茎有露，碧天如水。”碧蓝的长天明净如水，华丽的宫殿一尘不染，仙人的承露盘里盛满了延年的甘露，大宋的秋天是多么丰盈。

皇上日理万机，爱民如子，才有这和谐繁盛的清平盛世。在这闲暇时刻，夜空澄净明朗，时间之声遥远婉转。夜色越来越深，却能清晰地看见，南极星里有位老人正捧着治平、寿昌的祥瑞缓缓向大宋走来。

“此际宸游，凤辇何处，度管弦清脆。”美景如斯，吉祥如斯，这个时候皇上乘兴巡游，与民同乐，他的车驾又在什么地方呢？只听得那管弦之声清脆悦耳，相随一路。乐声行到之处，便是皇帝车撵的所在之处。

“太液波翻，披香帘卷，月明风细。”回到宫廷之后，又是另一番景象。禁苑里的池沼微澜轻翻，在夜空的照耀下泛出粼粼波光。宫殿上的重帘半卷，月色明朗清风正细。天下安泰，四海清明，也莫过于此了。

这一生柳永放弃过很多人很多事，却唯独没有放弃填词写曲。若说二十一世纪有林夕，那么大宋就有柳永。只是他知晓仁宗喜爱他的词章，为了博得皇帝的欢心和自己的前程，为官之后他的作品，多了许多刻意的成分。

这首词是精致且充满雅气的，与他此前流连坊间写的俚词有很大不同。词句是赞扬，韵律是歌颂，他再一次带着期待，将这首《醉蓬莱》呈给教坊，不久之后就到了仁宗的手中。

他毫无疑虑地以为仁宗看到这首词定会大展龙颜，然而或许命运想要那个真实的柳三变回归，便又和他开了一次玩笑。这一次，也是最后一次。

天降祥瑞，汴京城的许多文人进士写了一首首讴功颂德的诗词文章，而仁宗最想看到的还是太常博士柳永的作品。所谓期待有多大，失望就有多大。仁宗原以为能看到柳永的惊世之作，却没想到这首作品竟让他怫然弹落而去。

《渑水燕谈录》中记载："上见首有'渐'字，色若不悦。读至'宸游凤辇何处'，乃与御制《真宗挽词》暗合，上惨然。又读至'太液波翻'曰：'何不言波澄？'乃掷之于地。永自此不复进用。"

皇帝病势沉重叫"大渐"，而"此际宸游，凤辇何处"一句又与先帝宋真宗的挽词"望丧陵而惨惨，登毕陌以迟迟。铭旌露泣，卤簿风悲。俨时巡之仙仗，护川逝之宸仪。

呜呼哀哉！攀鼎龙兮莫皇，瞻幄凤兮何有？”暗合，原是一件河清云庆的喜事，却勾起了仁宗的伤心事，不免惹得圣上不悦。

仁宗读至“太液波翻”一句时，看见自古以来皇家最为忌讳的“翻”字，直气得将柳永的诗稿扔在地上。与这掷地的一声一同破灭消散的，是柳永的仕途之梦。

世人皆称赞柳永满腹经纶，用一支生花妙笔写尽人世的繁华与落寞，让每一首作品都流芳百世，绝唱千古。殊不知，那个时代的人们几乎都为思想的枷锁禁锢着，距离天子最近的人，越需要谨言慎行，小心翼翼。只因伴君如伴虎，君心实难测。稍有差池就可能从人生巅峰跌入低谷，再也看不到黎明的曙光。

但从某种程度上来说，宋仁宗还是贤明宽容的。柳永的一首词中，有三处触怒龙威，而他只是将其词扔落于地，将其人贬谪江南，却没有对他施以酷刑。但谁又能说身居高位的宋仁宗心中没有一个远走江湖的梦呢？

或许他只是不喜欢柳永这般深受禁锢，刻意作词奉承自己。作为帝王，他拥有无限的权力，掌管着天下人的生死，但却永远不能离开这幽深而庄严的皇宫大内，永远不能踏上金明池上的芙蓉，千朵万朵浮荡而去。

而柳永可以，可以代替他去实现这样的生活。仁宗认为，柳永的一生就应该属于江湖，而不是被豢养在这索然无味的禁苑之中。在这里，他的词作只有曲意逢迎，只有趋炎附势。而在江湖上，柳永风行水上，吹箫泛月，被自由滋养。只有那样，他才能写出入木三分的好文章。

君恩如流水，匆匆不回头。仁宗放逐了柳永，也放逐了一个帝王的梦想。江湖路远，几多苍凉。他的一生注定要在这条风雨潇潇的红尘阡陌上黯然收场。

第七章 晚年蹉跎以致仕

或许柳永的前世是一朵禅意的金莲，因贪恋人间烟火被贬入红尘游历。整整七十一载，他越过无数的高山流水，却始终越不过蹉跎的宿命。行至晚年他才明白，一生中所有的悲欢喜乐，所有的起承转合，早已定格成生命里一处又一处清澈明朗的风景。依稀可见的，还是那一株素淡纯洁的莲花。

无限幽恨尽成空

飒飒霜飘鸳瓦，翠幕轻寒微透，长门深锁悄悄，满庭秋色将晚。眼看菊蕊，重阳泪落如珠，长是淹残粉面。鸾辂音尘远。

无限幽恨，寄情空殢纨扇。应是帝王，当初怪妾辞辇，陡顿今来，宫中第一妖娆，却道昭阳飞燕。

——《斗百花》

初生。消亡。人的一生从开始到结束，或平淡如水，或饱经风雨，不管结局怎样，总归是在这世间奔波游历了一遭。有的人，等到流光散尽那一刻，方明白“缘来缘去终会散，花开花落总归尘”的道理。可有些人至死也未曾明白，这一生苦短情长，这一世红尘滚滚，究竟是为了什么。

柳永看似清醒，实则大梦一生。少年时为了赶赴一场江南的烟雨而将心爱的妻子独留汴京，不想多年以后归来却连妻子的尸骨都未曾见到，何其悲哉。后来，他参加科举却屡试不第，多年流落京华沉迷于烟花之地，邂逅了一个个多情的风尘女子。一段时间里，他与她们相知相恋，为她们写词谱曲，也曾倾心相待。

只是那时他心中的执念太深，爱情于她不过是暂时的精神寄托。在春花秋月和金榜题名之间，他最终还是选择了后者。他曾吟唱的“忍把浮名，换了浅斟低唱”不过是落第之后不甘雌伏，想给自己的高傲一个台阶下罢了。

推开仕途的大门，是他前半生苦苦追求却一直未能企及的梦想。这个梦想萦绕在他人生的大多数岁月里，将他围困在自己堆砌的城墙里，看不到心中的光亮。在科举面前，他像一个囚徒，为了推翻一堵坚硬的城墙，不知虚耗了多少个青翠的光阴，又背弃多少个当年的誓言。

回忆一旦开始，往事就如清泉一般奔涌而出，仿佛生命里的一梁一柱，一砖一瓦在此刻都格外清晰。确实，对于一个享受过锦衣玉食，又经历过风刀霜剑的人来说，记忆里的画面总是要比常人深刻很多。

这一世，柳永选择的是梦想和期待，却不想到头来只获得孤寂与凄苦。似乎他人生中最大的起落都是在暮年时候，亲眼看到自己的名字被写在黄金榜上，又亲眼见证多年的美梦于瞬间破碎。看似千恩万宠，实则孤苦无依。

我们经常感叹人生如戏，每个人都是自己命运道路上的主角，不同的是有的人把它演成了喜剧，有的人把它演成了悲剧。而柳永更为无奈，一出生便拿了个欢喜的剧本，原本应是这繁华盛世里一朵秀美绰约的金莲，淡云流水度此一生。却不想他拥有着惊世之才，却又如此傲气，以致于生生将这场人生的大戏演化成一个悲伤的结局。

艾米莉·狄金森曾说：“希望是长有羽毛的生灵，它笨拙、脆弱，让人难堪，但它的确存在。”名人的话总是直白且充满哲理的，人活着总是需要一些盼头，才能从漫漫长夜里走向黎明。

柳永的晚年生活寂寞孤苦，但他依然努力编排着自己的人生剧本，让自己活得不至于那么狼狈。流年惨淡，少有希望，唯有这浓愁词句，是他心里的光，能知他心解他意。

飒飒霜飘鸳瓦，翠幕轻寒微透，长门深锁悄悄，满庭秋色将晚。眼看菊蕊，重阳泪落如珠，长是淹残粉面。鸾辂音尘远。

无限幽恨，寄情空殢纨扇。应是帝王，当初怪妾辞辇，陡顿今来，宫中第一妖娆，却道昭阳飞燕。

人生无常，莫不如柳永的一生。谁也不曾料到宋仁宗会在柳永晚年开设恩科，让他鲤跃龙门，一朝及第，更不曾想到一曲《醉蓬莱》也可以让他从云端跌入泥沼里再也无法翻身。

因为一首词葬送了光明的仕途，这已不是第一次发生在柳永身上的事情了。曾经一首《鹤冲天》让柳永无缘科举数十年，仁宗直言让他“且去填词”。如今亦是为词所累，不仅触怒龙颜，断送了高官厚禄，还被驱离汴京近十年。柳永晚年宦游在外，难以回归故土，这对一个随时可能归尘的老人来说无疑是最大的惩罚。

仿佛柳永这一世的浮沉，都只系在天子的一念之间。他曾埋怨仁宗过于偏颇，只因一首词就不问缘由地裁定一个人一生的命运，也不管埋没的那个人是否有着惊世之才。想到这里，柳永是怅然的，但一转念，他又开始憎恨自己。这盛世里有才华的人那么多，若不是笔下的词章触及了官家的威严，也不会沦落至连故乡也只能远远相望。

《老子》第五十八章有云："祸兮福之所倚，福兮祸之所伏。"福祸相依，互为因果，是自古而今的道理。词和曲，与柳永相随一生，曾带给他无尽的乐趣与令人倾羡的美名，也曾因此一失足就跌入谷底。是福不是祸，是祸躲不过。这一世，柳永和他的词曲注定难舍难分，相伴一生。

十年春草绿，故乡难归去。宦游的日子里，他追悔莫及，痛恨自己为了讨好仁宗而丢了词曲的信仰。以至于自己只得以词补憾，写下一首《斗百花》，借班婕妤之典故，诉说心中的无限幽恨。

"飒飒霜飘鸳瓦，翠幕轻寒微透，长门深锁悄悄，满庭秋色将晚。"秋风飒飒作响，一时吹动鸳鸯瓦上的霜花阵阵飘落，又带着微微的寒意，向屋内翠色的帷幕袭来。汉宫的城墙是那么巍峨雄伟，高大坚固，将深宫里无比高贵，也无比孤寂的人们牢牢锁住。

婕妤是恐惧秋天的，因为皇宫里的秋天太过凉薄。她说："常恐秋节至，凉意夺炎热。弃捐箧笥中，恩情中道绝。"深宫清冷，尽是算计，原本就是一处寂寞的地方。纵算是院落里的满园秋色，菊花盛开，也无人欣赏。只因汉成帝的鸾车铃声相距甚远，深锁的长门宫内，只有一个伤心的明白人在默默流泪。

“无限幽恨，寄情空殢纨扇。应是帝王，当初怪妾辞辇，陡顿今来，宫中第一妖娆，却道昭阳飞燕。”只因当初她拒绝与汉成帝同坐一辆鸾车，就一直被他冷落至今。婕妤心中深藏无限的幽怨与悔恨，却只能向手中的纨扇倾诉。

韶光不再，新晋的妃子个个貌美如花，多才多艺。她的容颜为岁月的风霜磨砺，早已不是当初那个秀丽高洁的女子。如今宫中的第一美女，是那昭阳殿里的赵飞燕。“等闲变却故人心，却道故人心易变。”班婕妤觉得自己就像搁置在箱匣中的团扇一样，被汉成帝遗弃，长年幽居冷宫。

班婕妤的深宫哀怨是柳永的无限孤苦，柳永的异乡漂泊是婕妤的思量千度。两人虽时隔千年，却有着同样的遭遇。他们都不过是皇帝经天纬地的一颗棋子罢了，拿在手中时，视若珍宝且为之思忖万千，下到棋盘的那一刻，便意味着落子无悔，再无情意。所谓“人到情多情转薄，而今真个悔多情”莫不如此。

宦游多年归无时

一叶扁舟轻帆卷。暂泊楚江南岸。孤城暮角，引胡笳怨。水茫茫，平沙雁，旋惊散。烟敛寒林簇，画屏展。天际遥山小，黛眉浅。

旧赏轻抛，到此成游宦。觉客程劳，年光晚。异乡风物，忍萧索，当愁眼。帝城赊，秦楼阻，旅魂乱。芳草连空阔，残照满。佳人无消息，断云远。

——《迷神引》

生命里有很多定数，在未曾预料的时候就已经摆好了局。起落浮沉，聚散离合，也不过是人生常态。到了六十几岁，没有谁会为了曾走过一段坎坷的路而去抱怨，也没有谁会把某一个人，某一件事当作过河所需要的石子而去踩踏。

自从仁宗一气之下将柳永的《醉蓬莱》扔在地上后，他的仕途也从此江河日下，一蹶不振。庆历三年春，某个春寒料峭的日子，柳永再一次踏上一叶扁舟，告别了汴京，开始了他晚年的游宦生活。

他是走过万水千山，尝过风霜雨露的人，随着时光行走至今，再次面对告别，已是云淡风轻。

起初，他被仁宗放逐到有着鱼米之乡之称的苏州，任什么职未有记载，但苏州总归是个山水秀美的好地方。后来几年里，他一直奔走在潭州、成都、华阴地区，直到至和二年，六十九岁的柳永才被召回汴京。

晚年游宦，他在熟悉的江南大地上来回辗转，这个时候，做什么官已经不重要了，重要的是在这段孤苦的旅行中，他眼里看到的风景，他笔下写就的词章。

漫漫仕途，就像脚下的路途一般，绵绵无际。等到某一天终于抵达终点时，才发现此去已经年，浮生已过千山路。那些金色的过往，早已枯萎在金色的岁月里。若是在失落的时候刻意追忆，只会徒增几缕白发和无数的寂寞时光。

时间不允许柳永站在人生的白塔上，去过多追忆年少的时光。他总是未能在一个地方好好停歇，就被朝廷的一纸调令安排去往下一个驿站。朝廷只记得他是一个愁苦多情的词人，却似乎忘记了他还是一个白发苍苍的老人。

一场秋风，吹散了天上聚拢的白云，也吹散了柳永与江南的萍聚之情。来往不逢人，一辆车驾从未停下奔波的马蹄声，那个游人也总是行走旅途中。一边孤单地行走，一边以笔留情，以随遇而安的心态，让一个灰暗的世界变得五彩斑斓。

一叶扁舟轻帆卷。暂泊楚江南岸。孤城暮角，引胡笳怨。水茫茫，平沙雁，旋惊散。烟敛寒林簇，画屏展。天际遥山小，黛眉浅。

旧赏轻抛，到此成游宦。觉客程劳，年光晚。异乡风物，忍萧索，当愁眼。帝城赊，秦楼阻，旅魂乱。芳草连空阔，残照满。佳人无消息，断云远。

天空中的万里层云缥缈无常，宦游的孤旅亦是颠沛流离，无有定处。一盏孤灯下，汴京的往事明明灭灭。

离开汴京已有数年之久，柳永却仍然乘着一艘小船，随着江水漂泊。他似少年远游时一般站在船边，遥看汴京的方向。只是这个年龄的他，总是藏不住那佝偻的姿态和一颗想重回故土的心。

有人说，到了一定的年岁，岁月越老，心态反而变得年轻。汴京是柳永土生土长的地方，不论过去多少年，相隔几重山水，那座旧城一直是他心中牵挂的地方。年近七旬，还一直在路上奔走，他知道自己将奔赴的下一个驿站，却不知道哪一天会走到命运的终点。

落叶归根，这是大多数中国人亘古不变的思想，柳永也不例外。他始终想要回到那个承载着无尽欢乐与悲伤的城市，想要去汴京城外的故地，再搭起一架永不腐朽的秋千。想再去一次平康坊里，看虫娘过得是否安好。

可身在江湖，终不由己，柳永所有的幻想都将随着脚下的一叶扁舟飘飘然浮荡而去，只留几缕波纹在平静的楚江上悲泣。

“孤城暮角，引胡笳怨。水茫茫，平沙雁，旋惊散。”宦游途中，柳永再一次来到山遥水远的楚地。江水仍是白茫茫一片，小船停泊南岸后，柳永踏上沙滩旁的渡口，瞬间将正栖息着的大雁全部惊散。

城里响起阵阵角声，又引出一曲胡笳呜咽哀怨。城外的暮霭如烟如雾笼罩在林间，一丛丛秋林像画屏一般在眼前铺展。旧时的城市山河清远，一如原来般辽阔，只是路过的游人多历风霜，不复当年模样。

“天际遥山小，黛眉浅。”只看到天边的群山连绵起伏，它们勾勒的线条如同美人的黛眉一样浅淡，多少年都未曾更改。这般不为岁月惊扰的样子，像极了梦里的汴京城。

他不愿看到眼前一片萧索的异乡风景，因为他的脑海里都是对京都的思念。这里的风物除了充盈他的愁绪之外，并无其他效用。

“旧赏轻抛，到此成游宦。觉客程劳，年光晚。”柳永梦寐了大半生，只为做得大宋的一名官员。理想不易，能实现也算是消散了他心底的一份执念。他也曾格外珍惜，并为之倾心倾力。可这一刻他深知，年岁并不能永长，这晚年的游宦生涯，实在是太过辛苦，还未有当初“千山万水指南国”那一份自在洒脱。

“芳草连空阔，残照满。佳人无消息，断云远。”芳草萋萋，绵延至辽阔的天边。夕阳洒满河山，一天的时光又将逝去，而远在汴京的佳人依旧杳无音信。那些旧时光，像被风吹走的浮云一样远去不返。

可故乡是凝刻在血脉和骨骼里的印记，轻易不能擦除。纵算那里有着许多悲伤的往事，漂泊在外的人仍旧想要归去。

他自出生那一刻起就带着惊世的才华，在一个繁华的盛世里成长。上天给予了他一个朝气蓬勃的时代，可到头来他还是在人生阡陌上迷茫不前。世人不免叹息柳永的境遇，叹息他一生为了科举，为了名利而失去了太多珍贵的东西。

但身处那个时代，他已没有什么过错。和绝大部分人一样，打从一开始，思想就被禁锢在这个封建的社会。如是，他始终没有从宿命轨迹里跳脱出来。

长安古道恨绵绵

上国。去客。停飞盖，促离筵。长安古道绵绵。见岸花啼露，对堤柳愁烟。物情人意，向此触目，无处不凄然。

醉拥征骖犹伫立，盈盈泪眼相看。况绣帏人静，更山馆春寒。今宵怎向漏永，顿成两处孤眠。

——《临江仙引》

《诗经》有云：“琴瑟在御，莫不静好。”这诗句是说夫妻之间，一个弹琴一个鼓瑟，此间的温柔时光，之于彼此便是最美好的存在。

柳永和她的续弦妻子的晚年生活就像这诗句描述的一样。他一路宦游，她一路相随。都说人在脆弱的时候最需要的不是物质上的馈赠而是精神上的慰藉。如是，面对这几十年如一日的温柔贤淑，柳永纵是铁石心肠也会为之感动。

少时夫妻，相伴到老，本是这世间不可多得的爱情。许多人穷尽一生想要与心爱的那个人一起白头，却未曾预料岁月是多么无情。一世光阴眨眼即逝，等抵达终点的那一刻真正到来，那些说好结伴同行的人，有的半途道别，有的无奈离世，还有一些人不明下落。

柳永越发明白，人的一生行至最后，还能陪伴在自己身边的人，一定是最真诚的存在。纵算彼此之间没有爱情，也会有一种惺惺相惜的情愫。

他承认他没有深切地爱过眼前这个为他育有一子且晚年一直陪伴在他身边的女人，亦没有与她做到相敬如宾，甚至在娶了她之后还多年流连于勾栏瓦舍，多年逃离汴京远游江南。但在看到她一头花白的发丝时，他还是会心疼。心疼她一生凄苦，将青丝熬成了白发，竟从来没有为自己真正的活过。

时代的列车轰轰烈烈地往前开，一边丢弃往日的时光，一边拾起当下的记忆。北宋时代渐渐远去，而秋芸就是被遗弃在时光深处的一个牺牲品。岁月不曾停下脚步，只是她还停留在大宋的封建帝国里，遵循着先祖制定的三纲五常。

作为一个女子，她不是臣，遑论“君为臣纲”。出嫁之前，父亲就是她的天。每日被藏在深闺之中，学习着如何为人子，为人妻的纲常礼教，只待有一天被一台红轿抬走。虽然此前她并未见过那个即将与之相伴一生的人是什么模样，什么品性。但她知道成婚之后，夫君就是她的天。

如果不是她在这世间存在的时间足够长，这场婚姻注定失败。因为从一开始她就将自己定位成一个低人一等的女人。这亦不是她的过错，只是千年前大宋的那剪时光对女性缺少包容。

但秋芸始终相信所有的福分都是前世修来的。百年修得同船渡，千年修得共枕眠。今生能陪伴在夫君身边，是几世都修不来的缘分，又怎能再去奢求夫君的一丝怜爱。不管他是柳三变还是柳永，不管去往哪里，她要做的是悉心照料他的生活，默默陪伴在他身边。

只是有一天真的要分别时，他们还是会有诸多的不舍和离情。

上国。去客。停飞盖，促离筵。长安古道绵绵。见岸花啼露，对堤柳愁烟。物情人意，向此触目，无处不凄然。

醉拥征骖犹伫立，盈盈泪眼相看。况绣帏人静，更山馆春寒。今宵怎向漏永，顿成两处孤眠。

佛说，万般带不走，唯有业随身。或许柳永的前世是佛前的一朵金莲，因凡根未净，舍不得这花柳繁华地，温柔富贵乡，才在这一世人间不断地辗转流浪。前世他只看到了人世的繁华，今生注定要尝尽落寞，才得以斩断凡根，度化自己。

在宿命的道路上，他做惯了尘世的去客，却仍然不解人间离恨。每每离别之时，总要牵动衷肠，以诉离殇。但其实聚散早有定数，如同盛衰的道理一样，有荣必有枯，有合必有离。若有下一次相见，也不必在意谁来得早，谁又太迟。

古语有云："有情，必有碍。"在这条鲜花丛生的情路上，柳永注定不是一个清醒的人，纵使情根深种，他也无法掌控自己的命运。

朝廷的一纸调令将原本在华州任职的柳永移任江南，去往何处史料未有记载。但路途遥远，圣令难拒，这无疑是对高龄的柳永的又一次折磨。他深知路途颠簸，而身体每况愈下，却不得不再次踏上征程，不禁露出悲戚又无奈的愁容。

只是这一次，他不想让秋芸随他一同受苦了。或许是他觉得，一生中所剩的时光并无良多，便留她在这一处静谧的山水间细数时光，安享晚年。

那是某个寂静的清晨，春天还未完全归来。一轮淡雅的孤月高悬在天空中，似乎下一刻就要隐没在浅浅淡淡的云色里。一切安排妥当，华州的城门也早早打开。年近七旬的柳永早已满头华发，行路姿态也微有踉跄。赶马的小厮背着远行的行囊，秋芸搀扶着他坐上马车，一路相送至城外的长亭。

长亭上离别的宴席早已摆好，一对离人伫立相望，泪眼盈盈。彼此都知道几十年的夫妻情分将在此处终结。因而这一刻，只作永别。不论绣帏里多么安静，山馆中的春夜多么寒冷。此后的时光，都将只有一人独守。

“长安古道绵绵。见岸花啼露，对堤柳愁烟。物情人意，向此触目，无处不凄然。”马车颠颠簸簸，行走在这绵延无尽的长安古道上，留下一道道深深浅浅的车轮印。每增加一道，就意味着离华州又远一程，他心中的牵挂竟也莫名分沉重了几分。

多年未曾分离，他从未想过有一天，秋芸也会成为他心底牵挂的人。他为她停下车驾，伫立不前。即使置身在这生动明媚的春天，他的目光所及之处，也皆是片片凄凉的景象。

古道绵绵，分作两头，唯有一驾意兴阑珊的马车缓缓而行。一地尘土飞飞扬扬过后，尽数化成寂寞的灰烬。坐在车里的那个人突然告诉赶马的小厮：“我心中的那朵金莲早已萎花而去。”

名利遂巡醉风景

屈指劳生百岁期。荣瘁相随。利牵名惹逡巡过，奈两轮，玉走金飞。红颜成白发，极品何为。

尘事常多雅会稀。忍不开眉。画堂歌管深深处，难忘酒盏花枝。醉乡风景好，携手同归。

——《看花回》

镜里朱颜，愁边白发，光阴催人老。纵有千金，也难买风流年少。

柳永晚年一直生活在飘零的岁月中，在江南西北一带辗转来回，当着不为人知的小官。当初那个意气风发的潇洒少年已经消失得无影无踪，如今能从他身上看到的，更多的是落寞与凄凉。

或许从他被仁宗贬黜的那一刻起，时人便知道年老体衰的柳永再无翻身的那一日，于是便对他的生平疏于记载，少了些许关心。以至于后世的人们只知道他经历了一段孤苦的宦游生活，却不知道他具体在何处停留，又停留了多久。

柳永将自己的一生交付给北宋的繁华盛世，曾经多次逃离，又多次回归。他自以为看清了这世间来来去去的过客，分分合合的故事。却从未料到，他的晚年不是站在风前月下，吟诵千古华章，诉说岁月窈窕，而是整日风雨飘零，对着这满眼的荒烟漫草，回想那陈旧不堪的过往时光。

漂泊无依的日子里，他时常小酌浅醉，素手执笔，写下一首首人生聚散无常，悲欢起落无意的词章。他说唯有词曲，言浅而意深，能给予他黯淡的人生里一丝光明。

想到年少时的恣意潇洒已成为遥远的过去，如今青丝变成了白发，颠沛流离的路上只留他一人独自前行时，他写下“暗想当初，有多少，幽欢佳会，岂知聚散难期，翻成雨恨云愁”？

想到与故乡相隔千山万水，与故人分隔两地，再难相见时，他在夜里辗转反侧，孤枕不成眠，写下“和衣拥被不成眠，一枕万回千转。惟有画梁，新来双燕，彻曙闻长叹”。

想到自己两鬓霜白，依然流落在外，而年迈的身体却不允许自己游玩享乐，柳永的心中不免生出万千惆怅来。似乎此时在他生命的每个角落里，都弥漫着一种无法寄托的悲哀。他的酒杯里盛满了孤独，他的笔下是生活的真实模样：“归云一去无踪迹，何处是前期？狎兴生疏，酒徒萧索，不似少年时。”

往事纷纷，回首皆非，眼前的世界早已不是从前的模样。他深知回京复职无望，亦不想在这芝麻绿豆大的官职上费心劳力。荒年冷月中，他只能从这一如既往般秀丽的江南风景中，从与他相伴一生的曼妙词章里，寻得些许温暖。

屈指劳生百岁期。荣瘁相随。利牵名惹逡巡过，奈两轮，玉走金飞。红颜成白发，极品何为。

尘事常多雅会稀。忍不开眉。画堂歌管深深处，难忘酒盏花枝。醉乡风景好，携手同归。

东晋文学家陶渊明隐居避世时曾写下一篇《桃花源记》。他以武陵渔人的行踪为线索，借渔人的所见所闻，将桃花源安宁和乐，自由平等的生活刻画得生动明媚。那是一处与世隔绝的人间仙境，那里的环境“土地平旷，屋舍俨然，有良田美池桑竹之属。阡陌交通，鸡犬相闻”。那里的人们“往来种作，男女衣着，悉如外人。黄发垂髫，并怡然自乐”。

渔人误打误撞闯进桃花源游历了一遭，此间人们邀他回家，设酒杀鸡作食，与他以礼相待。只是后来他从桃花源中出来后，却没有遵从源中人们“不足为外人道也”的所求之语，尽数将桃花源里发生的事情，告诉了当地太守。所幸等到他们前去寻找时，桃花源的入口已然不见。

那是一处美好的清净之地，容不得世人心里的一点污渍。只有心无挂碍，天下为公的人才能到达，武陵渔人不过是个意外。

龙应台说：“如果一粒沙里有一个宇宙，想必一刹那里也有一个不变不移的时间。”柳永是相信的，许多日子沉默不语，静静地在某个不知名的地方偏安一隅。那时的自己依然年少，那时的风景依旧令人神往。所有失去的人和物，都会在那里如期归来。

只是武陵的打渔人意外找到了五柳先生笔下的世外桃源，柳永穷其一生，却始终没有发现心中那个风清月白的地方。也许命运赋予给每个人的过程和结局都不容更改，他便只能留在北宋江南的风景里，与时光对饮，细数所剩不多的淑景光阴。

“屈指劳生百岁期。荣瘁相随。利牵名惹逡巡过，奈两轮，玉走金飞。”在过去的六十多年里，柳永是梦想的践行者，一个坚定的信念和数百首动人的词章，就是他的整个世界。如今“红颜成白发，极品何为”。名利如浮云，从身边淡然飘过，他也只不过是一个生活海岸的逡巡者，和很多人一样，朱颜辞镜，皆如寻常。

“尘事常多雅会稀。忍不开眉。画堂歌管深深处，难忘酒盏花枝。”日子越过越少，心境却越来越明朗。晚年的柳永时常想起年少时流落京华，探访秦楼楚馆的日子。虽然他与那些寂寞的风尘女子是擦肩的过客，而不是相守一生的归人。但那几年的时光，确是清醒中有着醉意朦胧，迷茫中有着悲喜浮沉。不似如今，虽过着平常的日子，却只得与自己的内心说着沉默的对白。

“醉乡风景好，携手同归。”江南的秀丽风景注定要走进他的词里，而他也注定要走入笔下的文字里。或许是晚年他对功名利禄已不在乎，对重回汴京故土失了信心，才会选择放下执念，与时光握手言和。

放下半世执念，他依然深爱着这人间。拿起手中湖笔，他的人生才真正启程。

一曲新词道平生

平生身负，风流才调。口儿里，道知张陈赵。唱新词，改难令，总知颠倒。解刷扮，能嗍嗽，表里都峭。每遇著，饮席歌筵，人人尽道。可惜许老了。

阎罗大伯曾教来，道人生，但不须烦恼。遇良辰，当美景，追欢买笑。剩活取百十年，只恁厮好。若限满，鬼使来追，待倩个，掩通著到。

——《传花枝》

人们在面对生命消亡的时候，总是悲伤的。如同一只美丽的蝴蝶飞向蛛网，一株轻盈的花木零落成泥，一纸传情的信笺被焚成灰烬，许多人在临死的那一刻才明白，这一生越过千山万水，跋涉数十年，竟只为了赶赴一场无奈又寂寞的结局。那一刻是真正的告别，是真正的放下，告别这纷繁的俗世，放下这俗世里的自己。

眼前的青山是曾经的大海，当下的岁月也会变成往日的时光。生命是一个个盛满思想的灵魂，如同一出戏的开始和谢幕，人的生命有初生便有消亡。

《鲁智深醉闹五台山》中有句戏词云："没缘法，转眼分离乍，赤条条来去无牵挂。"确是如此，出生之时我们孑然一身的来，是这尘世赋予我们七情六欲，五样知觉。行走在这世间，我们用一生的时间看遍人间烟火，历尽荣辱悲欢。待到逝去的时候，尘归尘土归土，我们还是连这躯体都不能带走。

时光不曾老去，生命却有尽头。一个人在逝去之后，生前的一切悲欢喜乐，名利荣辱都将寂灭。死亡即意味着失去，失去亲人朋友，失去事业梦想，失去感知世界的一切能力。人们深谙这个道理，所以在面对死亡时不免害怕，但很多时候不同的人又会选择不一样的态度。

如同柳永，纵然他一生中多愁苦，多漂泊，却也曾风流潇洒，快意人生。作为大宋的一名官员，虽然暮年及第，久沉下僚，但他也是鞠躬尽瘁，颇有功绩。作为一个词人，他亲尝世间百味，并将其一一记录，成词成曲。

他的大多数词作都离不开一个"愁"字。正如他曾写下"一日不思量，也攒眉千度"的词句，仿佛他一生中所有的愁苦，都被收进一首首有情有义的词章里。他知道肉体凡胎抵不过似水流年，终有一天他将身死神灭，在生命的尽头无法前行。他也知道自己贪恋红尘，所以必得要在这世间留下些什么，以证明他曾经来过。

这个流传千年的存在就是《乐章集》，柳永一生中绝大多数词作都被收纳其中。他的人生际遇，他的悲欢喜乐，他目之所及的，他心之所向的，都被浓缩在这一册《乐章集》里。时人喜欢他的词，许是他的词句道出了很多人的心里话，以至于当时的北宋“凡有井水处，皆能歌柳词”。

这也是他留给后世人的宝贵财富。百年千年，虽然时代不同，历史却有许多相似的地方。也总有一些慈悲的看客，在某个烟雨的季节，一边烹茶煮茗，一边细细研读柳永的《乐章集》，痴痴地翻阅他一生的风云故事，与之产生穿越时空的共鸣。

平生身负，风流才调。口儿里，道知张陈赵。唱新词，改难令，总知颠倒。解刷扮，能嗍嗽，表里都峭。每遇著，饮席歌筵，人人尽道。可惜许老了。

阎罗大伯曾教来，道人生，但不须烦恼。遇良辰，当美景，追欢买笑。剩活取百十年，只恁厮好。若限满，鬼使来追，待倩个，掩通著到。

百年浑似梦，七十古来稀。古时能活到七十岁的人少之又少，而柳永恰是其中一个。传说这首《传花枝》是嘉佑五年，柳永在自己七十四岁的生日宴会上所作。他自知大限将至，又看到前来祝寿的故人们越来越少，难免心中感伤，一时思绪万千，便以一首词将自己的人生做了个总结。

北宋官员七十致仕，那时的他已退出官场四年了，宦游的日子也已结束五年了。放逐的日子已经够长了，远游在外的人最终还是要重返故乡，落叶归根。所幸仁宗并没有将他忘记在江南，终于还是在他致仕前一年，将他调回了汴京，任屯田郎中。一年后，又将他转为都官郎中。

柳永最后就是在这一职位上退出北宋官场的，终是体面。所以在总结一生的心路事迹时，他是豪气万丈，无比骄傲的。

“平生身负，风流才调。口儿里，道知张陈赵。”这一生，他自诩是满腹才情，风流倜傥的翩翩公子，有着自己的骄傲，还有着从骨子里流淌出来的柔情。不仅交游甚广，而且名流皆识。

“唱新词，改难令，总知颠倒。解刷扮，能嗍嗽，表里都峭。”在北宋词坛，他久负盛名，在千年后的今天，柳永仍被奉为婉约派的鼻祖。所以他评价自己擅长拆白道字，能改旧声为新声，自创新曲，是非常中肯的。

虽然柳永自许风流才调，但在歌舞宴席间，总有人说他垂垂老矣。他知这世间没有谁能和时间作对，与命运抗争，但他是经历过大浪淘沙，沐过细雨微风的人。纵然他已满头花发，在面对这般言论时，亦是不能轻易生出浮躁的心思。

岁月洗尽铅华，也赠予了柳永处世的哲学。他沉稳却不失豪气，他从万花丛中来，却还能做到风轻云淡。他说：“阎罗大伯曾教来，道人生，但不须烦恼。”人老心不老，庸人才自扰。他将阎罗王亲切地称为大伯，可见面对生死，他早已淡然。

柳永一直尊崇“人生苦短，应及时行乐”的人生态度，如果能得遇良辰美景，就应该去寻欢作乐，与佳人长相厮守，而不是无花空折，辜负大好时光。

“若限满，鬼使来追，待倩个，掩通著到。”人生这场盛宴，终有散场之时，只是或早或晚罢了。不论过去遇见了怎样的喜怒哀乐，在即将走到生命尽头之时，回想一生的时光，一切都已释然。柳永亦是如此，他说：“如果有一天我的大限期满，阎王切莫让小鬼来捉我，而要派一个神通广大的人来带我离开。”

不知阎王有没有如他所愿，但这年五月，一场盛大的生日宴会结束后不久，一代风流才子柳永，卒于汴京，终年七十四岁零三个月。他就这样静默地离开尘世了，只留下半城缟素，一片哀声。

他的一生并不短暂却多孤苦，他的故事很漫长却也纯粹。他在官场中徘徊，在词坛上称帝，曾经为情爱束缚，又被江南的风景救赎。他的《乐章集》连同他的一生，被后世的人们深深地收藏。

寂灭亦是一种重生，因为活着的人总是喜欢痴痴地将他的故事讲述给来往的过客。以至于千年以后，他亦时常被我们平静地怀想。而这一切，只因我们愿意与他一起欢喜，一起忧愁，一起走进书的扉页，采撷一朵最初的美好。